QUESTIONS LITURGIQUES

STUDIES IN LITURGY

Revue trimestrielle
A Quarterly Review

Septante-septième année
Volume seventy-seven

1996

ABDIJ KEIZERSBERG
FACULTEIT GODGELEERDHEID

LEUVEN

QL 77 (1996) 5-9

LITURGIE ET INCULTURATION
INTRODUCTION

Le 12ᵉ Colloque International de Liturgie, organisé conjointement par l'Institut Liturgique de la 'Faculteit Godgeleerdheid', K.U. Leuven, et l'abbaye du Mont César, du 16 au 18 octobre 1995, a pris comme thème: «Liturgie et inculturation». A vrai dire, c'est un thème que les organisateurs ont voulu proposer déjà plusieurs fois et qui résonnait comme fond sonore pendant les deux derniers colloques. En effet, quand en 1991 nous traitions le thème «Liturgie et langage»[1], nous touchions un domaine où est exprimé fortement le désir de Vatican II de réaliser une liturgie par laquelle tous le peuples dans le contexte de leur propre culture peuvent célébrer leur rencontre avec Dieu[2]. Une liturgie compréhensible est une exigence primordiale pour aboutir à la participation active des fidèles demandée par le concile. Très vite il paraissait qu'une traduction des textes liturgiques en langue vernaculaire était insuffisante: en effet le latin et la langue vernaculaire se situent dans une tout autre culture[3]. Traduire veut donc dire: ré-interpréter dans sa propre culture. En d'autres termes, là on confronte déjà la nécessité de l'inculturation. Quand en 1993 nous étions à la recherche des «accents actuels en théologie sacramentaire»[4], nos questions étaient entre autres comment l'homme contemporain éprouve la sacramentalité de la vie dans la transition de la prémodernité à la modernité et à la postmodernité[5], comment aujourd'hui nous pouvons évoquer le Christ comme sacrement primordial[6] et l'Eglise comme sacrement de base[7], en un mot comment nous pouvons aider les gens, qui vivent au seuil du troisième millénaire, à mieux comprendre et à vivre plus intensément les sacrements.

Bien que la question de l'inculturation de la liturgie était à l'ordre du jour, ce furent néanmoins des circonstances concrètes qui déterminèrent la thématique des deux derniers colloques. En 1991 nous voulions célébrer un collègue

---

1. L. LEIJSSEN (éd.), *Liturgie et langage. Liturgy and Language* (Textes et études liturgiques 12), Leuven, 1992 [= *Questions Liturgiques – Studies in Liturgy* 63 (1992) 1-123].

2. *Sacrosanctum Concilium*, art. 38-40.

3. L. LEIJSSEN, *Introduction: Liturgy and Language*, dans LEIJSSEN, 5-14, 6.

4. J. LAMBERTS (éd.), *Accents actuels en théologie sacramentaire. Hommage à Cor Traets. Current Issues in Sacramental Theology. A Tribute to Cor Traets* (Textes et études liturgiques 13), Leuven, 1994 [= *Questions Liturgiques – Studies in Liturgy* 75 (1994) 1-112].

5. G. DE SCHRIJVER, *Experiencing the Sacramental Character of Existence: Transitions from Premodernity to Modernity, Postmodernity, and the Rediscovery of the Cosmos*, dans LAMBERTS, 12-27.

6. L.-M. CHAUVET, *Sacramentaire et christologie*, dans LAMBERTS, 41-55.

7. A. BRANTS, *Church and Sacrament*, dans LAMBERTS, 56-69.

qui s'engagea durant de longues années dans notre faculté, dans notre Institut Liturgique et pour notre revue 'Questions Liturgiques – Studies in Liturgy', à savoir le professeur Silveer De Smet, à l'occasion de son accession à l'émeritat. Nous voulions le faire par un thème qui lui tient fort à coeur, c'est-à-dire «liturgie et langage». Aussi en 1993 nous pouvions honorer un collègue méritant, le professeur Cor Traets à l'occasion de son accession à l'émeritat, en traitant un domaine dans lequel il était pour beaucoup de gens «un guide sûr et inspirateur», à savoir la sacramentaire.

Cette année nous voulons nous concentrer sur la problématique actuelle de l'inculturation liturgique. Depuis notre dernier colloque la Congrégation du Culte et de la Discipline des Sacrements a publié le 25 janvier 1994 sa quatrième instruction pour l'application correcte de la Constitution sur la Liturgie de Vatican II à propos des articles 37-38 de cette constitution, sous le titre: «La Liturgie Romaine et l'Inculturation»[8]. A mon avis il est important de constater que le document romain parle d'une «inculturation» et non plus comme la constitution en 1963, qui dans les articles 37-40 parlait des «adaptations à la mentalité propre et aux traditions des différents peuples» (aptationes ingenio et traditionibus populorum)[9]. Remarquons le terme «aptatio». Dans plusieurs livres liturgiques révisés après le concile on fait une distinction ultérieure entre «aptatio» et «accomodatio». Pendant les décennies suivantes plusieurs termes ont été proposés afin d'exprimer le plus adéquatement possible la relation entre liturgie et culture. Bien que plusieurs auteurs vont se pencher sur ces termes dans ce livre, qu'il me soit permis d'énumérer quelques-uns: acculturation, indigénisation, adaptation, incarnation, révision, contextualisation, transculturation, enculturation et inculturation. Typique pour cela est l'évolution dans les oeuvres du spécialiste reconnu en cette matière à l'Institut Liturgique de Sant'Anselmo à Rome, à savoir Anscar Chupungco: en 1982 il publia un livre intitulé «Cultural Adaptation of the Liturgy», en 1989: «Liturgies of the Future. The Process and Methods of Inculturation», et en 1992: «Liturgical Inculturation. Sacramentals, Religiosity, and Catechesis»[10].

Le fait que l'inculturation de la liturgie constitue vraiment une question actuelle est aussi attesté par l'organisation au cours des dernières années de plusieurs colloques sur ce thème. Je pense d'abord au douzième congrès de la «Societas Liturgica», une association oecuménique internationale de liturgistes, tenu à York du 14 au 19 août 1989, sous le titre «l'inculturation

---

8. *De liturgia romana et inculturatione*, dans *Notitiae* 332 (1994) 80-115. Traduction française *Id.*, 116-151.

9. Voir J. LAMBERTS, *De Constitutie over de Liturgie en het volkskatholicisme*, in M. VAN UDEN, J. PIEPER, E. HENAU (red.), *Bij geloof. Over bedevaarten en andere uitingen van volksreligiositeit* (UTP-Katernen 11), Hilversum, 1991, 211-236.

10. A.J. CHUPUNGCO, *Cultural Adaptation of the Liturgy*, New York/Ramsey, 1982. ID. *Liturgies of the Future. The Process and Methods of Inculturation*, New York / Mahwah, 1989. ID., *Liturgical Inculturation. Sacramentals, Religiosity, and Catechesis*, Collegeville, 1992.

de la liturgie»[11]. La «Arbeitsgemeinschaft Katholischer Liturgikdozenten im deutschen Sprachgebiet» (AKL) organisait en septembre 1990 aussi un congrès autour de la question si l'inculturation de la liturgie vaut uniquement pour l'ainsi nommé Tiers Monde[12]. Enfin, le quatrième congrès international de l'Institut Liturgique de Sant'Anselmo à Rome, du 6 au 10 mai 1991, avait aussi comme thème l'inculturation[13]. C'est avec plaisir que nous nous joignons à ces congrès. En plus, vu la situation de fait de notre faculté théologique, qui dans sa section de langue anglaise compte des étudiants de tous les continents du monde, il est évident que nous fassions attention à ce thème.

Je viens de parler de la diversité des termes tels que adaptation, incarnation, acculturation, inculturation, etc. Ce sont des termes qui sont empruntés surtout à l'anthropologie par des théologiens, des missiologues et des liturgistes. C'est pourquoi il nous paraît bon de laisser traiter la question de l'inculturation liturgique par des éminents représentants de ces et des autres disciplines.

Comme premier nous donnons la parole au professeur Gerard Lukken[14] de la faculté de théologie de Tilburg (Pays-Bas). Il va élaborer et documenter ce que je ne pouvais qu'évoquer ici, faire le «status quaestionis» de l'inculturation de la liturgie, surtout examiner critiquement le document romain et proposer quelques idées de ce que peut signifier la mise en oeuvre de l'inculturation liturgique dans nos régions.

Ensuite c'est le professeur G.S. Worgul jr. de la Duquesne University (USA) qui traite la question de l'inculturation liturgique à partir des métaphores de base qui opèrent dans chaque culture[15]. Il examine les présuppositions américaines et occidentales qui hypothèquent notre vision sur l'inculturation. En même temps il discute le défi qu'est pour l'Église la «troisième vague de civilisation» qui se fait jour[16].

Inculturation renvoie directement à «culture», l'objet d'étude spécifique de l'anthropologue. C'est pourquoi nous donnons volontairement la parole au collègue Valeer Neckebrouck. Le professeur Neckebrouck est en plus de docteur en théologie aussi docteur en anthropologie. Il a fait des investigations sur place à plusieurs reprises, dont témoignent ses nombreuses publica-

---

11. D. GRAY e.a., *The Inculturation of the Liturgy. Papers of the twelfth congress of Societas Liturgica*, dans *Studia Liturgica* 20 (1990). [= *L'Inculturation*, dans *La Maison-Dieu* 179 (1989)].

12. F. SCHNEIDER, *Inkulturation – nur für die Dritte Welt? Fachtagung der 'Arbeitsgemeinschaft Katholischer Liturgikdozenten im deutschen Sprachgebiet'*, dans *Liturgisches Jahrbuch* 41 (1991) 1-6.

13. I. SCICOLONE, *L'adattamento culturale della Liturgia. Metodi e modelli. Atti del IV Congresso internazionale di Liturgia* (Studia Anselmiana 113), Rome, 1991.

14. Voir G. LUKKEN, *Inculturation et avenir de la liturgie*, dans *Questions Liturgiques – Studies in Liturgy* 75 (1994) 113-134.

15. Voir G. WORGUL, *From Magic to Metaphor. A Validation of Christian Sacraments*, New York, 1980.

16. Signalons aussi que le professeur Worgul au cours de notre colloque a mené un séminaire, qui avait comme thème 'The Conditions of Inculturation to the Different Cultures'.

tions[17]. C'est aussi dans ce cadre qu'il enseigne au Centre de l'Anthropologie Sociale et Culturelle de la K.U. Leuven. Dans sa contribution, sous le titre «Théologie progressiste et inculturation de la liturgie» il ne tire pas seulement quelques salves devant la proue de la théologie progressiste, mais il perce aussi quelques «évidences», et il nous offre surtout quelques résultats de ses investigations anthropologiques, qui peuvent enrichir notre vision de l'inculturation de la liturgie.

Un colloque sur l'inculturation de la liturgie doit nécessairement tenir compte de la vision de la missiologie. Pour ce but nous avons invité le professeur Frans J.S. Wijsen de l'université catholique de Nimègue, qui récemment a publié en coopération avec P. Turkson les rapports du congrès à l'occasion du centenaire de la congrégation S.M.A. (Societas Missionum ad Afros) en Hollande[18]. Il a intitulé sa contribution «Tous les hommes voient le même soleil. La liturgie en Afrique entre inculturation et syncrétisme». Sa thèse est que l'angoisse pour le syncrétisme bloque l'inculturation et que l'interprétation du syncrétisme comme inculturation par le bas peut aider à stimuler l'inculturation officielle.

Puis nous tournons vers l'histoire. En effet, sans connaître notre terminologie actuelle, l'Église a été confrontée plus d'une fois avec l'inculturation de sa liturgie. Un exemple typique se situe durant l'ère carolingienne quand de la confrontation entre la liturgie romaine et la culture franco-germanique surgit une liturgie hybride romaine-franco-germanique. Je ne me prononce pas sur la question si c'est oui ou non un bon exemple d'inculturation. En tout cas très problématique fut l'ainsi nommée «lutte autour de la liturgie chinoise»[19] entre 1603 et 1742. Pourquoi l'Église a-t-elle pu adopter dans sa liturgie des éléments de la culture gréco-romaine et, en quelque sorte, de la culture franco-germanique, et a-t-elle repoussé d'autres, in casu des éléments culturels chinois? Afin d'avoir une idée de l'arrière-plan de cette question Madame Dr. Carine Dujardin, qui en 1994 a été promue au grade de docteur en histoire sur une dissertation sur le vicariat des frères mineurs belges en sud-ouest Hubei (Chine) pendant la période 1870-1940, nous

---

17. Entre autres V. NECKEBROUCK, *Le peuple affligé. Les déterminants de la fissiparité dans un nouveau mouvement religieux au Kenya Central*, Immensee, 1983. ID., *De stomme duivelen. Het anti-missionair syndroom in de westerse Kerk*, Brugge, 1990. ID., *De Derde Kerk. Cultuur en geloof* (Nikè-reeks 30), Leuven/Amersfoort, 1993. ID., *Le onzième commandement. Étiologie d'une Église indépendante au pied du mont Kenya*, Immensee, 1978. ID., *Paradoxes de l'Inculturation. Les nouveaux habits des Yanomani* (Annua Nuntia Lovaniensia 36), Leuven, 1994. ID., *A propos de l'échec missionnaire en Asie. Pour une explication scientifique* dans *Cultures et Développement. Revue Internationale des Sciences du Développement* (1985) 741-756. C. CORNILLE-V. NECKEBROUCK (eds.), *A Universal Faith? Peoples, Cultures, Religions and the Christ* (Louvain Theological and Pastoral Monographs 9), Leuven, 1992.

18. P. TURKSON, F. WIJSEN (eds.), *Inculturation: Abide by the otherness of Africa and the Africans*, Kampen, 1994. F. WIJSEN (red.), *Evangelisatie in nieuw perspectief* (UTP-tekst 19), Heerlen, 1991.

19. M.D. LUTTIO, *The Chinese Rite Controversy (1603-1742): A Diachronic and Synchronic Approach*, dans *Worship* 68 (1994) 290-313.

informe sur la problématique de l'inculturation liturgique dans ce temps[20].

J'ai déjà mentionné le fait qu'à notre faculté il y a des étudiants de tous les continents. C'était donc une occasion lors de ce congrès pour quelques doctorandi de réfléchir sur le thème «liturgie et inculturation» à base de leur propre fonds. Pas tout le monde dans nos régions sait que déjà dès les premiers siècles de l'ère chrétienne des communautés chrétiennes vivaient en Inde, les chrétiens de Saint Thomas. Jose Mathew Kakkallil de Kerala (Inde) nous informe non seulement sur ces chrétiens, mais surtout sur les tentatives et problèmes de l'inculturation liturgique dans son pays. Anthony Perez, venant de Guam (Micronésie), se demande si les pratiques culturelles de son peuple autour de la mort peuvent oui ou non enrichir notre liturgie funèbre. Agnes Brazal (Philippines) enfin discute l'inculturation comme modèle d'interprétation pour la révision féministe de la pratique liturgique. Elle se réfère surtout à la situation non-occidentale, in casu philippine.

Nous pensons que les textes rassemblés ici seront une contribution constructive dans le débat pour la réalisation d'une inculturation authentique de la liturgie.

Hombekerkouter 139   Jozef LAMBERTS
B-2811 Mechelen

---

20. C. DUJARDIN, *Missionering en moderniteit: spanning tussen missiologie, beleid en missiepraktijk. Het vicariaat van de Belgische minderbroeders in Zuidwest-Hubei (China), 1872-1940*, Leuven, 1994 (dissertation inédite).

QL 77 (1996) 10-39

INCULTURATION DE LA LITURGIE
THÉORIE ET PRATIQUE[1]

Introduction

Dans l'histoire de notre culture se produisent parfois des mutations profondes. Une telle mutation est indubitablement en notre siècle la découverte et la prise de conscience par l'Église de la culture comme un phénomène pluriel. Pendant seize siècles, depuis l'antiquité romaine tardive jusqu'à notre époque, l'Église a conservé une vision purement monoculturelle du monde. Il n'était question dans sa vision que d'une culture universelle. C'était la règle[2]. En fait cette culture universelle à partir de laquelle allait s'opérer l'évangélisation était la culture européenne. A partir de Vatican II surtout, l'Église – au cours d'un processus parfois difficile – s'est rendu compte qu'elle était une Église multiculturelle. Dans cette conscientisation le concept d'inculturation a joué, depuis le milieu des années septante, un rôle central. En ce qui concerne la liturgie, même à tel point que déjà trois fois un symposium important lui a été consacré. En 1989 par la Societas Liturgica[3], en 1990 par l'Arbeitsgemeinschaft Katholischer Liturgikdozenten im deutschen Sprachgebiet (AKL)[4] et en 1991 par l'Institut Liturgique de San Anselmo à Rome[5].

Faut-il dès lors en traiter à nouveau à l'occasion d'un colloque international? Je le pense certes. Il s'agit en effet d'une problématique complexe et urgente dont la réflexion doit se prolonger. De plus il y a une nouvelle donnée importante: en 1994 a paru un document ecclésiastique officiel sur la liturgie et l'inculturation[6]. Une troisième raison est qu'il est question d'une antinomie entre la réflexion théorique sur l'inculturation de la liturgie et la réticence officielle pour réaliser et sanctionner dans la pratique la diversité culturelle. De là le titre de mon introduction: Inculturation de la liturgie – théorie et pratique. Dans une première partie je m'attarderai surtout sur la théorie de l'inculturation; dans la seconde partie il sera question de la pratique.

---

1. Traduction de l'article en français par G. MICHIELS o.s.b.

2. A. SHORTER, *Towards a theology of inculturation*, London/New York 1988, XI et 18.

3. *L'inculturation*, dans *La Maison-Dieu* 179 (1989).

4. F. SCHNEIDER, *Inkulturation – nur für die Dritte Welt? Fachtagung der «Arbeitsgemeinschaft Katholischer Liturgikdozenten im deutschen Sprachgebiet»*, dans *Liturgisches Jahrbuch* 41 (1991) 1-6.

5. I. SCICOLONE, *L'adattamento culturale della Liturgia. Metodi e modelli. Atti del IV Congresso internazionale di Liturgia* (Studia Anselmiana 113), Roma 1991.

6. Pour ce document, voir note 43.

1. Théorie

1.1. Culture

Pour une exacte compréhension du concept culture il est important de prendre une bonne connaissance d'une discipline assez récente: l'anthropologie culturelle[7]. Cette discipline a pourfendu l'ancien mythe sur la culture et a élaboré le concept d'une manière qui diffère notablement de la vision traditionnelle[8]. Dans la mentalité traditionnelle la culture était synonyme d'étendue de connaissances et de notions. Un homme cultivé était celui qui connaissait parfaitement beaucoup de choses. Et cette connaissance était alors avant tout logico-rationnelle, abstraite, intellectuelle. Les intellectuels étaient considérés comme les porteurs de la culture. Cette conception réductrice provenait du centrisme occidental qui avait une préférence pour le *logos* grec et qui sous-estimait d'autres formes de vie, d'action ou de pensée. En raison d'études ethnologiques cette conception de la culture est à présent en crise et bien progressivement depuis le début du siècle. C'est là la délimitation négative du concept culture. Mais qu'est la culture d'une manière positive? Il n'est pas si facile de définir avec précision ce nouveau concept de culture qui surpasse le mythe eurocentrique. Dans l'anthropologie culturelle on trouve pas mal de définitions, même un multiple des 150 définitions que les anthropologues américains Kroeber et Luckhohn ont rassemblées en 1952[9]. Le concept est trop compliqué que pour être défini en quelques mots. Il nous paraît dès lors plus indiqué de présenter un certain nombre d'éléments sur lesquels l'accord se fait[10].

a. Un premier élément important est que le culturel ne concerne pas seulement le rationnel, la réflexion, mais toute pratique humaine: de l'emploi du langage jusqu'à la préparation culinaire, la construction de maisons, le travail des champs, l'édification de lieux de culte, la prière à la divinité, etc.

b. Ensuite le culturel ne s'oppose pas au naturel. On n'est pas tout d'abord un homme naturel et ensuite culturel. En réalité on a toujours affaire avec un homme culturel. En fait naturel et culturel sont tellement imbriqués qu'on croit souvent que quelque chose est naturel alors que cela relève en fait de la culture. Ainsi notre façon de marcher et de nous asseoir, de nous lever ou de nous coucher n'est pas déterminé naturellement mais culturellement. Et cela vaut également e.a. pour ce que nous appelons masculin ou féminin.

7. Pour une bonne introduction lisible à l'anthropologie culturelle: P. KLOOS, *Culturele antropologie. Een inleiding*, Maastricht, 1991 (5e éd. revue).

8. C. DI SANTE, *Cultura e liturgia*, dans D. SARTORE-A.M. TRIACCA, *Nuovo dizionario di liturgia*, Roma, 1983, 71-92.

9. KLOOS, 15-19.

10. Je m'en tiens à la ligne de DI SANTE et je complète cet article sur un certain nombre de points.

c. Les hommes créent la culture, mais le contraire est également vrai: les hommes sont créés hommes par la culture. Donc pas de culture sans hommes, mais tout autant pas d'hommes sans culture[11].

d. On ne peut bien connaître les hommes qu'à partir de leur culture. De plus les pratiques rituelles plus encore que les autres pratiques culturelles sont en état de manifester qui est finalement homme.

e. Le culturel n'est pas exclusif. Aussi ne peut-il jamais être question d'une culture unique, mais toujours de cultures diverses aussi bien diachroniques que synchroniques. Aucune culture n'a donc une valeur absolue et chaque culture est seulement relative.

f. Dans la culture les symboles jouent un rôle éminent. Dans la culture il n'en va pas seulement de la médiation par des signes instrumentaux, mais de la médiation par des symboles au sens propre du terme. A juste titre on peut avec Chauvet et d'autres définir la culture comme un ordre symbolique[12].

g. Un point très important en rapport avec notre sujet: on doit d'un côté distinguer la culture de secteurs comme l'économie, la politique, la vie sociale, la religion. L'économie est p.ex. une fois pour toutes un secteur à part avec ses propres réglementations, compétences etc. Mais d'autre part le secteur économie fait aussi partie de la culture et bien dans la mesure où il fonctionne aussi d'une manière symbolique. La culture comme telle n'est donc pas économie, mais la manière dont nous utilisons argent et biens relève à coup sûr de notre culture. Et cela vaut tout autant pour les autres secteurs. Chaque culture est donc extrêmement complexe[13]. Il est donc aussi question d'une grande interaction des divers niveaux de l'économie, politique, structures sociales, religion, etc. Ainsi des transformations culturelles profondes peuvent être produites par des changements dans les structures socio-économiques. Et de même p.ex. la manipulation, le contrôle et l'exploitation des hommes par des systèmes socio-économico-politiques peuvent également s'accompagner d'une domination culturelle.

h. Les différents éléments d'une culture ne se retrouvent pas par hasard, mais

---

11. C. GEERTZ, *Impact of the concept of culture on the concept of man*, dans J.R. PLATT (éd.), *New views of the nature of man*, Chicago, 1965, 116.

12. L.-M. CHAUVET, *Du symbolique au symbole. Essai sur les sacrements*, Paris, 1979; ID., *L'avenir du sacramentel*, dans J. MOINGT, *Les sacrements de Dieu*, Paris, 1987, 81-106; ID., *Symbole et sacrement. Une relecture sacramentelle de l'existence chrétienne*, Paris 1988; ID., *Ritualité et théologie*, dans J. MOINGT, *Enjeux du rite dans la modernité*, Paris, 1991, 197-226. Voir aussi D.S. AMALORPAVADASS, *Theological reflections on inculturation (Part 1)*, dans *Studia Liturgica* 20 (1990) 36-54, ici 41. On découvre déjà plus tôt le concept 'ordre symbolique' chez P. Lacan. Voir p.ex. A. MOOIJ, *Taal en verlangen*, Meppel, 1975 et P. MOYAERT, *Het ik en zijn identificaties*, in A. DE RUIJTER e.a., *Totems en trends. Over de zin van identificatiesymbolen*, Hilversum, 1988, 52-77.

13. Voir aussi AMALORPAVADASS, 41 et 44.

sont structurellement liés entre eux. De là une conséquence importante que tout changement sur un point de la culture se répercute sur tout l'ensemble du système qui doit alors globalement se reconstituer. Pour la théologie cela signifie que des changements dans la vie sociale, politique ou économique ont leurs effets sur la religion et donc aussi sur la liturgie. S'il n'en est pas ainsi, la cohésion de l'ordre symbolique est brisée et la religion se condamne à la marginalité. Cela n'a-t-il pas été précisément le drame de la théologie occidentale au cours des siècles écoulés, un drame qui n'est pas encore révolu?

i. Toute culture court le danger d'être manipulatrice. Ce danger est en rapport avec le problème du partage du pouvoir. Au plus le pouvoir est divisé et partagé en commun, d'autant moins grand en sera le risque. Mais au plus le pouvoir est concentré entre les mains d'un petit nombre, d'autant plus fort la culture deviendra une idéologie, un instrument de domination. Le rituel religieux, la liturgie comme événement culturel portent en soi ce risque. La liturgie peut devenir une idéologie ou un moyen de domination par lequel des gens sont opprimés. Quand cela se produit, ils ne peuvent plus exprimer leurs sentiments religieux les plus profonds et leurs convictions, et ils deviennent religieusement frustrés ou cherchent une autre voie dans une propre sous-culture religieuse.

1.2. Culte – culture

Culte et culture sont fort complémentaires. Cela conduirait trop loin de décrire ici dans le détail le lien entre culte et culture. Mais en rapport avec notre sujet il me paraît important de souligner que d'un côté on peut distinguer la religion comme un secteur à part, à côté de celui de la culture, comme c'est aussi le cas pour l'économie, la politique ou la vie sociale. Mais d'un autre côté la religion est tout autant une composante de la culture et même une composante très centrale, et à l'intérieur de la religion, le rituel, le culte occupent alors une place centrale. Ils constituent le cœur de la culture, son élément le plus dynamique et le plus profond. Les anthropologues, mais aussi des représentants de diverses autres disciplines notent régulièrement que les rites religieux remplissent un rôle central dans chaque culture. Cela tient ensemble avec la place irremplaçable et pénétrante des rituels et particulièrement des rituels religieux dans chaque culture. Le culte comme expression religieuse est une partie intégrante et centrale de la culture, mais il apparaît aussi que la culture à son tour conditionne d'une manière très profonde l'exercice du culte. Je me contente d'un renvoi à la littérature abondante sur le sujet[14].

14. Sur le sujet: A. BERGAMINI, *Culto*, in SARTORE-TRIACCA, 333-340; D. COHEN, *De cirkel van het leven. Menselijke rituelen uit de hele wereld*, Utrecht-Antwerpen, 1991; *Culte et culture*, dans *La Maison-Dieu* 159 (1984); D. EBERHARD, *Kult und Kultur. Volksreligiosität und kulturelle Identität am Beispiel des Maria-Lionza-Kultus in Venezuela* (Beiträge zur Soziologie und Sozialkunde Lateinamerikas, 23), München, 1983; O. VAN DER HART, *Rituelen in psychothe-*

1.3. Inculturation

Comme je l'ai fait remarquer dans mon introduction la notion d'inculturation a joué un rôle central dans la découverte par l'Église d'être une communauté multiculturelle. Il est important d'approfondir davantage cette notion-clé.

En rapport avec le caractère multiculturel de l'Église des termes divers furent tout d'abord utilisés pêle-mêle comme adaptation et accommodation, révision, incarnation, indéginisation, contextualisation, acculturation et enculturation[15]. Ils furent finalement évincés par le terme inculturation.

La notion a été utilisée pour la première fois dans la littérature théologique en 1962 par le jésuite Masson[16]. Chupungco en retarde par erreur son origine dix ans plus tard, en 1973, chez le missionnaire protestant G.L. Barney[17]. Au milieu des années septante spécialement sous l'influence des jésuites le terme commence à s'imposer, et convenant non seulement pour

rapie. *Overgang en bestendiging*, Deventer, 1984; ID. e.a., *Afscheidsrituelen in psychotherapie*, Baarn, 1981; H.-G. HEIMBROCK et H. BOUDEWIJNSE (éd.), *Current studies on rituals. Perspectives for the psychology of religion*, Amsterdam, 1990; H.-G. HEIMBROCK, *Gottesdienst: Spielraum des Lebens. Sozial-und kulturwissenschaftliche Analysen zum Ritual in praktisch-theologischem Interesse*, Kampen, 1993; Catéchisme de l'Église catholique, Paris, 1992, 1204 et suiv.; G.J. HOENDERDAAL, *Riskant spel. Liturgie in een geseculariseerde wereld*, Den Haag, 1977, ch. VII (Cultus en cultuur); C. LANE, *The rites of rulers. Ritual in industrial society – the Soviet case*, Cambridge, 1981; G. LUKKEN, *De onvervangbare weg van de liturgie*, Hilversum, 1984²; ID., *Geen leven zonder rituelen. Antropologische beschouwingen met het oog op de christelijke liturgie*, Hilversum, 1988³; J. LUIJS, *Taal, teken, ritueel. Humanisten in dubio*, dans *Werkmap voor Liturgie* 25 (1991) 244-246; G. MARTINEZ, *Cult and culture. The structure of the evolution of worship*, dans *Worship* 64 (1990) 406-433; N. MITCHEL, *The Amen Corner. The coming revolution in ritual studies*, dans *Worship* 67 (1993) 74-81; J. MOINGT, *Enjeux du rite dans la modernité*, Paris, 1991; R. NIEUWKOOP, *De drempel over. Het gebruik van (overgangs)rituelen in het pastoraat*, Den Haag, 1986; P. POST, *Het verleden in het spel? Volksreligieuze rituelen tussen cultus en cultuur*, dans *Jaarboek voor Liturgie-onderzoek* 7 (1991) 79-124; D. POWER, *Cult to culture. The liturgical foundation of theology*, dans *Worship* 54 (1980) 482-495; M. RAND, *Ritueel*, Amsterdam, 1990 (= Magnum Images 1); *Reclaiming our rites*, dans *Studia Liturgica* 23 (1993) no 1; *Rituelen*, dans *Skript. Historisch tijdschrift* 6 (1984) no 4; DE RUIJTER, DI SANTE; A.N. TERRIN, *Antropologia culturale*, in SARTORE-TRIACCA, 71-92; A. SCHEER, *Het dilemma: cultuur-cultus*, dans *Jaarboek voor Liturgie-onderzoek* 7 (1991) 159-168; ID., *Liturgiewetenschap: cultus en cultuur in dialectiek*, dans *Praktische Theologie* 22 (1995) 80-99. Voir aussi M. ZITNIK, *Sacramenta. Bibliographia internationalis* I-IV, Roma, 1992.

15. Pour ces termes divers et leur signification exacte e.a. L. AMAFILI, *Inculturation. Its etymology and problems*, dans *Questions Liturgiques – Studies in Liturgy* 73 (1992) 170-188; A. CHUPUNGCO, *Liturgical inculturation. Sacramentals, religiosity, and catechesis*, Collegeville, 1992, ch.1; A. SHORTER, *Towards a theology of inculturation*; N. STANDAERT, *L'histoire d'un néologisme. Le terme «inculturation» dans les documents romains*, dans *Nouvelle Revue Théologique* 110 (1988) 555-570.

16. Masson écrit: «Today there is a more urgent need for a Catholicism that is 'inculturated' in a variety of forms.» (J. MASSON, *L'église ouverte sur le monde*, dans *Nouvelle revue théologique* 84 (1962) 1038). Comparez AMAFILI, 174.

17. A. CHUPUNGCO, *Liturgical inculturation*, dans *East Asian Pastoral Review* 30 (1993) 108-119, 110, note 4. Il est surprenant que Chupungco ne mentionne nulle part les articles de Masson et Amafili.

le Tiers-Monde mais aussi pour toutes les églises locales[18]. En 1975 ce terme est utilisé pour la première fois par Paul VI[19] et en 1977 il reçoit une large recommandation officielle lors du cinquième synode épiscopal, à la suite duquel à partir de 1979 il sera de plus en plus fréquemment utilisé par le pape Jean-Paul II[20]. Dans la théologie de la liturgie et de missiologie le terme est également de plus en plus largement adopté. Il faut cependant bien faire remarquer que la Congrégation du Culte divin s'en est tenue pendant longtemps au terme adaptation; ce n'est qu'à partir de 1990 que lors d'un débat sur un projet de texte concernant le document sur la liturgie et l'inculturation il sera proposé d'utiliser le terme d'inculturation[21].

Dans la littérature anthropologique le terme était inconnu. Il constitue un néologisme. On connaissait certes en anthropologie le terme enculturation. Il est une indication du processus d'apprentissage par lequel l'individu depuis sa jeunesse devient progressivement une partie intégrale de sa culture[22]. Le nouveau terme reçut cependant une toute autre signification que le mot qu'il remplaçait. Il devînt une indication de l'interaction ou dialogue entre évangile et culture. Par inculturation on comprend la relation dynamique entre le message chrétien et la culture, ou mieux encore les cultures. Il en va du processus constant d'interaction réciproque et critique, et d'assimilation entre les deux[23]. Il est à ce propos important de se rendre compte de la différence entre inculturation et acculturation. Chupungco indique clairement la différence entre les deux de la manière suivante[24]. Avec l'acculturation on utilise en quelque sorte la formule A + B = AB. Autrement dit il est question d'une coexistence de deux cultures sans assimilation et enrichissement réciproques. A et B se rencontrent, mais restent séparés. Ils ne subissent aucun changement substantiel ou qualitatif. Un exemple évident dans l'histoire de la liturgie est la période du baroque. La messe tridentine fut protégée par les rubriques contre une pénétration de l'extérieur; ce qui eut comme effet que la culture du baroque s'établit dans la périphérie de la liturgie. Avec l'inculturation il en va autrement. Il y est question de la formule A + B = C. Il n'en va pas ici de deux choses qui restent purement extérieures entre elles mais de pénétration réciproque. Concrètement: il est d'une part question d'une transformation intérieure d'authentiques valeurs culturelles par l'intégration

---

18. Ainsi P. Arupe, général des Jésuites, écrit que le besoin d'inculturation est universel: voir J. AIXALA (ed.), *Other apostolates today: Selected letters and adr.*, St. Louis, 1981, 173.

19. *Evangelii nuntiandi* 20, 62-65.

20. *«Commentarium» alla quarta istruzione per una corretta applicazione della costituzione sulla liturgia*, dans *Notitiae* 30 (1994) 155-156.

21. *«Commentarium»*, 155-156; F. TRAN-VAN-KHA, *L'adaptation liturgique telle qu'elle a été réalisée par les commissions nationales liturgiques jusqu'à maintenant*, dans *Notitiae* 25 (1989) 864-883; *Cronaca dei lavori della «plenaria» 1991*, dans *Notitiae* 27 (1991) 82-83.

22. SHORTER, 5-6, AMAFILI, 181-182, 184-186.

23. G.A. ARBUCKLE, *Earthing the gospel: An inculturation handbook for the pastoral worker*, New York, 1990, 17 et 34; M.C. DE AZEVEDO, *Inculturation and the challenges of modernity*, Rome 1982, 11; SHORTER 11.

24. A. CHUPUNGCO, *Cultural adaptatation of the liturgy*, New York, 1982, 81 et 84; ID. (1992) 27-29; ID. (1993) 111-114; voir aussi SHORTER, 12-13.

dans le christianisme et d'autre part d'un enracinement du christianisme dans cette culture[25]. On a donc affaire à un enrichissement mutuel de sorte que A n'est plus simplement A, ni B simplement B. Une nouvelle entité, notamment C, s'est constituée. Un exemple excellent est la liturgie romaine classique entre le 5e et 8e siècle qui s'est constituée par une étroite interaction entre la culture gréco-romaine et la liturgie chrétienne.

Il faut se rendre compte qu'avec l'inculturation il en va d'un processus profond. Il ne s'agit pas simplement et seulement d'un échange entre des rites religieux d'une culture et la liturgie chrétienne. La culture est comme nous l'avons remarqué, une donnée extrêmement vaste qui enveloppe la vie humaine intégralement, dans toutes ses couches.

Pour être davantage concret, songeons à l'année 1000: la période de la culture romane[26]. Comment se présentait alors, grosso modo, la couche *socio-politique*? Le pouvoir résidait dans les mains des seigneurs féodaux. Les autres leur étaient subordonnés. On pouvait se mettre au service d'un tel seigneur comme vassal. On prononçait alors la promesse de fidélité pour la vie et il fallait remplir des services pour ce seigneur. On lui était donc tributaire. Par ailleurs il se faisait qu'on bénéficiait de la protection du seigneur féodal. Il veillait à votre entretien. La plupart des services des vassaux étaient d'ordre militaire. C'était un monde de guerriers, caractérisé par beaucoup de rudesse. Le sang coulait en abondance. D'autre part beaucoup de vertus positives étaient pratiquées: courage, loyauté et largesse. Les gens étaient à cette époque peu lettrés et très sensibles à des gestes spectaculaires. Ceux-ci étaient accomplis avec beaucoup d'intensité. 'Dense' était aussi le rite dans lequel et par lequel le vassal scellait son contrat pour la vie avec le seigneur féodal. Il s'agenouillait devant lui et prêtait le serment de fidélité. C'était un moment décisif qui influençait profondément sa vie. A côté de la couche socio-politique de cette culture il y avait la couche *économique*. Les vassaux devaient remplir des services seigneuriaux pour les seigneurs et leur étaient redevables d'impôts. Ainsi les seigneurs féodaux s'enrichissaient via leurs vassaux au dépens du peuple et ils disposaient de grandes richesses. Finalement il y avait la couche *religieuse* de la culture. Elle était étroitement connexe avec les deux précédentes. On se représentait Dieu comme un seigneur féodal. L'homme se mettait au service de Dieu comme pour un seigneur féodal. Et en s'agenouillant comme vassal devant Dieu il lui prêtait son serment de fidélité. Suite à quoi Dieu accordait également de son côté protection et aide à son vassal comme le faisaient également les seigneurs féodaux. Dans cette culture on ne parvenait pas à se passer de l'image de Dieu comme seigneur féodal, bien qu'on réalisa que Dieu était en réalité plus grand et autre. Et dès lors le rituel chrétien constitue comme un point de jonction véritable où les différentes couches de la culture se rencontrent intensément. Songeons au rituel susdit du serment que le vassal prêtait au seigneur féodal. A cette occasion il s'agenouillait devant lui et

---

25. Comparez la description du synode des évêques de 1985, déclaration finale, no D 4.
26. G. Duby, *Le temps des cathédrales. L'art et la société de 980 à 1420*, Paris, 1976.

plaçait sa main sur la croix, sur la bible ou sur une bourse avec des reliques. Ensuite il plaçait ses deux mains dans celles du seigneur féodal et prêtait son serment d'allégeance. Dans ce rituel chrétien sont présents trois contrats: le socio-politique, l'économique et le religieux. Ainsi le rituel chrétien réflectait toutes les couches de la culture, également celles de la vie économique, sociale et politique.

Le théologien nigérien Upkong fait dès lors remarquer avec raison qu'à l'inculturation sont aussi mêlés les aspects économiques, sociaux et politiques de la culture[27]. Il s'agit de l'intégration et de la transformation de la vie économique, politique, sociale et religieuse d'un peuple. Et comme exemple il propose l'eucharistie. Il est insuffisant d'africaniser la célébration eucharistique, mais il en va tout autant de l'impact de l'eucharistie dans la vie économique, politique et sociale de la communauté[28]. Ainsi l'eucharistie comme repas fait appel à toutes les virtualités du matériel, du corporel, de l'économique et des habitudes et usages sociaux qui accompagnent inévitablement dans toutes les cultures le manger et le boire. Et ainsi on aborde immédiatement la question de l'inculturation de la substance eucharistique: le pain est en Afrique égal à une nourriture occidentale et le vin est un produit en provenance d'une culture capitaliste et de luxe. Ne paraît-il pas dès lors plus évident d'utiliser comme substance de l'eucharistie ce qui constitue là-bas la nourriture quotidienne? Des galettes de riz, de maïs ou de manioc et des vins locaux de palmier ou de bananes ne constitueraient ils pas en Afrique une matière plus appropriée pour l'eucharistie[29]? La remarque de B. Botte que Jésus d'après les évangiles n'a pas non plus utilisé, lors de la dernière Cène, une coupe de riz ou de thé, ne paraît pas convaincante[30]. Lors de l'utilisation de la nourriture indigène on peut également dire que Jésus prit du pain et du vin dans des mains: c'est tout aussi possible que de parler de Sion et de Jérusalem comme notre destination et au sujet de la lettre de Paul aux Corinthiens comme à nous étant adressée[31].

Si l'inculturation pénètre si profondément, surgit immédiatement la ques-

---

27. J.S. UPKONG, *Towards a renewed approach to inculturation theology*, dans *Journal of inculturation theology* 1 (1994) 8-24.

28. UPKONG, 22.

29. A. HASTINGS, *Western christianity confronts other cultures*, dans *Studia Liturgica* 20 (1990) 26-27; F. KABASELE, *Euchariestiefeier in Schwarzafrika*, L. BERTSCH (éd.), *Der neue Messritus im Zaire. Ein Beispiel kontextueller Liturgie* (Theologie der dritten Welt 18), Freiburg im Breisgau, 1993, 170-178; G. LUKKEN, *New rites around communion in present-day western culture*, in C. CASPERS e.a. (éd), *Bread of heaven. Customs and practices surrounding holy communion* (Liturgia condenda, 3), Kampen, 1995, 206; W. DE MAHIEU, *Anthropologie et théologie africaine*, dans *Revue du Clergé Africain* 25 (1970) 383; A. THALER, *Inkulturation der Liturgie. Am Beispiel der Mahlelemente*, dans *Diakonia* 20 (1989) 172-179. Pour de la littérature supplémentaire, voir H.B. MEYER, *Eucharistie. Geschichte, Theologie, Pastoral* (Gottesdienst der Kirche. Handbuch der Liturgiewissenschaft 4), Regensburg, 1989, 383, note 104.

30. B. BOTTE, *Le problème de l'adaptation en liturgie*, dans *Revue du Clergé Africain* 18 (1963) 320.

31. Ainsi KABASELE, 178.

tion si l'on ne doit pas être très prudent et attentif lors de l'inculturation. L'inculturation ne va-t-elle pas trop facilement à l'encontre de l'évangile lui-même? On se heurte ici à un problème fondamental qui se produit lors de chaque inculturation. Un exemple célèbre est celui des 'deutsche Christen' lors de la période nazie des années trente en Allemagne[32]. Il s'inculturèrent si fort dans la culture germanique renaissante qu'ils acceptèrent aussi l'idéologie et la pratique du national-socialisme. Un exemple plus limité est celui de l'Église d'État danoise qui est si danoise que la théologienne luthérienne Aaggaard se demande si une meilleure notion de la catholicité ne serait pas un excellent remède pour cette Église[33]. Et dans notre culture contemporaine occidentale n'y a-t-il pas des tas d'éléments qui n'entrent pas en ligne de considération pour l'inculturation? Que l'on songe à nos structures économiques qui conduisent à l'exploitation du Tiers-Monde et qui amènent les gens à une attitude très consommatrice; que l'on songe encore à la saisie rationnelle unilatérale de tas d'affaires dans notre culture jusqu'à l'utilisation même des rituels de la naissance à la mort dans la réclame et le commerce.

Il est donc bien évident que l'inculturation peut causer préjudice à l'identité de l'évangile. Avec l'inculturation de l'évangile il en va donc toujours d'une symbiose *critique* entre évangile et culture. A ce propos les points suivants me paraissent importants.

a. Dans l'histoire de la christianisation on constate deux attitudes opposées dont dans le passé le pape Grégoire et le missionnaire Boniface constituent des exemples[34]. Le missionnaire Boniface voulait supprimer les religions qu'il rencontrait. Il était très peu porté pour la culture. Il parcourait en fait la voie de Karl Barth pour qui le message de Dieu se trouve d'équerre avec l'expérience humaine. C'est une spiritualité très caractéristique qui est possible et qui a indubitablement droit d'existence. Le pape Grégoire s'y prit autrement. Il s'efforça lors de l'évangélisation de l'Angleterre d'arriver à l'inculturation du christianisme et de conserver ce qui n'était pas en opposition directe avec l'évangile. On peut le comparer avec ce que le pape Boniface IV (à ne pas confondre avec le missionnaire Boniface) réalisa en 609. Il reçut de l'empereur byzantin Phocas le Panthéon, l'antique temple romain de tous les dieux et le consacra à la Vierge Marie et à tous les martyrs. Et bien ce courant paraît à l'intérieur de la tradition catholique comme le plus acceptable et on le découvre déjà à partir de la période paléochrétienne. Qui connaît l'histoire de l'Église ancienne sait que les héritages de Hellas et de Rome se sont même tellement introduits dans le giron de l'Église que nous ne connaissons certains d'entre eux que par l'Église. Le message chrétien a été surtout accepté dans le passé et diffusé en Europe parce que l'Église

32. R. SCHREITER, *Inculturatie van het geloof of identificatie met de cultuur?*, dans *Concilium* 30 (1994) no 1, 24-33, 26 et A. WESSELS, *Kerstening en ontkerstening van Europa. Wisselwerking tussen evangelie en cultuur*, Baarn, 1994, 214.

33. Comparez H. WITTE, *Kerken kunnen té geïncultureerd zijn*, dans *Een-twee-een* 22 (1994) 23-24.

34. WESSELS, 20 ss.

sut se rattacher au propre de la culture. Les trésors romains, gallo-celtiques et germaniques ont été introduits dans la Jérusalem nouvelle[35].

b. La révélation chrétienne ne se raccorde pas sans soudure à la perspective transcendante des rites humains comme cela a parfois été suggéré. En bref: le récit de la résurrection a quelque chose, a même beaucoup des mystères d'Orphée, d'Osiris et de Mithra et des rituels primitifs de vie et de mort, mais il les surpasse aussi. Il reste toujours de l'une ou de l'autre manière une 'brèche', une ouverture insurmontable, et un saut, notamment vers le mystère pascal[36]. Et dans l'inculturation cela doit sans cesse se manifester.

c. En raison de ce 'saut' certains mettent l'accent sur le pouvoir souverain de l'évangile qui d'une manière autonome et libre doit suivre son chemin lors de la transformation d'une culture au cours du processus d'inculturation. Ils accentuent la transcendance de la révélation à partir de laquelle la foi peut soumettre à la critique toute culture[37]. Mais quand on agit ainsi on s'accointe de très près avec l'idée que la révélation se trouve d'équerre par rapport à cette culture. On oublie alors trop facilement que cette révélation telle que nous la connaissons déjà dans la foi, est elle-même toujours inculturée. Cette foi déjà inculturée attirera l'attention sur certaines particularités du message et en accentuera d'autres beaucoup moins. Nous ne connaissons pas une fois pour toutes le pur message. L'évangile ne peut contourner les gens avec leurs expressions verbales et non verbales et celles-ci sont, qu'on le veuille ou non, toujours liées au temps et aux lieux et donc culturellement déterminées. Un christianisme a-culturel n'existe pas. Toute expression du christianisme est culturellement chargée, y comprise celle des premières communautés chrétiennes[38]. On ne peut pas comparer le problème avec la séparation du noyau et le reste de la pomme. Non, tout est imbriqué.

d. De même le magistère de l'Église n'est pas une super-instance qui serait comme élevée dans un zone sereine au dessus de la culture. L'inculturation est dès lors une recherche laborieuse au milieu de notre histoire et cela en dialogue réciproque. La conservation de l'identité chrétienne est un processus

---

35. ID., 219-220. Pour l'histoire de l'inculturation de la liturgie, voir aussi e.a. J. ALDAZÁBAL, *Lecciones de la historia sobre la inculturación*, dans *Phase* (1995) 96-100; ARBUCKLE; P.M. GY, *The inculturation of the christian liturgy in the west*, dans *Studia liturgica* 20 (1990) 8-18; CHUPUNGCO (1982) 3-41; ID. (1992); E. MUNACHI EZEOGU, *The jewish response to hellenism: a lesson in inculturation*, dans *Journal of inculturation theology* 1 (1994) 144-155; P. SCHINELLER, *A handbook on inculturation*, New York, 1990, 12 ss.; SHORTER, 104-176.

36. Mon optique est donc différente de celle de F. FRIJNS, *Mensen maken hun liturgie zelf wel*, dans *Werkmap voor Liturgie* 28 (1994) 130-137, surtout p.137. Comparez G. LUKKEN, De 'doorbraak' van de antropologie in de liturgie, dans H. DEGEN e.a. (réd.), *Herinneringen aan de toekomst. Pastoraat in de geest van Vaticanum II*, Baarn, 1991, 167-176 et ID., *Inculturation et avenir de la liturgie*, dans *Questions Liturgiques – Studies in Liturgy* 75 (1994) 113-134.

37. SCHREITER, 24-25.

38. T. GROOME, *L'inculturation. Comment procéder dans un cadre pastoral*, dans *Concilium* 30 (1994) 143-158.

fort laborieux comme cela paraît d'ailleurs des discussions durant le premier concile de Jérusalem et du conflit entre Pierre et Paul. Comme Pierre ne s'en tenait pas aux décisions du concile, Paul lui a résisté en face (Gal. 2,11). Il en va d'une transmission en commun *(tradere)* à la fois active et créative du message selon une tradition toujours vivante[39]. La question de savoir comment dans ce processus de recherche nous devons conserver l'identité du message n'est donc pas une pure question du magistère ou de l'autorité, c'est une responsabilité collective dans laquelle chacun a son rôle et sa compétence; ce qui est nécessaire, c'est une recherche constante en dialogue, dans laquelle aussi bien l'idéologie que la superficialité restent des dangers menaçants.

e. A partir de l'évangile et de la tradition chrétienne la critique culturelle est donc justifiée. Mais cette critique culturelle ne peut jamais avoir simplement comme origine l'opposition à cette culture même, en raison de la nostalgie ou de la glorification de la culture précédente. La critique doit provenir de l'inculturation même de l'évangile dans cette culture. On devra donc prendre la propre culture fort au sérieux et ne pas rejeter à priori certaines structurations culturelles.

2. Pratique

2.1. Un important document romain sur l'inculturation de la liturgie

En 1973 A. Bugnini, secrétaire de la Congrégation pour le Culte divin, écrivait dans l'Osservatore Romano, à l'occasion du dixième anniversaire de la Constitution sur la liturgie, que les tâches pour les dix années à venir, seraient l'adaptation ultérieure de la liturgie à l'essence propre et aux traditions des peuples divers de sorte qu'elle ne restât pas étrangère à leur culture[40]. D'après Chupungco qui s'est intéressé d'une manière particulièrement intense à la thématique de l'inculturation, il a été travaillé depuis le début

---

39. Un des problèmes à ce propos est celui de la continuité et de la discontinuité de la liturgie avec la tradition. Voir à ce sujet G. LUKKEN, *La liturgie comme lieu théologique irremplaçable. Méthodes d'analyse et de vérification théologiques*, dans ID. (éd. C. CASPERS-L. VAN TONGEREN), *Per visibilia ad invisibilia. Anthropological, theological and semiotic studies on the liturgy and the sacraments*, Kampen, 1994, 239-255 et H. WEGMAN, *Liturgie en lange duur*, dans L. VAN TONGEREN (éd.), *Toekomst, toen en nu. Beschouwingen over de ontwikkeling en de voortgang van de liturgievernieuwing* (Liturgie in perspectief 2), Heeswijk-Dinther, 1994, 11-38. On ne peut pas traiter d'une manière trop simpliste de la discontinuité. Car il faut bien se réaliser qu'aucune seule culture ne peut se considérer elle-même comme un lieu ou une expression absolue de la vérité. Dans une culture on peut rencontrer des éléments et des perspectives qui dans une autre culture sont dans une moindre mesure ou nullement accessibles. Chaque culture est nécessairement aussi toujours une sélection et cela a également des conséquences pour l'expression de la foi chrétienne.

40. A. BUGNINI, *La riforma liturgica*, dans *L'Osservatore Romano* 6 janvier 1974, 9.

des années septante à une instruction en rapport avec l'inculturation[41]. En 1985 fut constituée à Rome à ce propos une équipe de travail, placée sous sa direction[42]. Finalement parut, après un long processus, le 29 mars 1994, le document romain sur 'La liturgie romaine et l'inculturation' qui d'une manière plus ou moins symbolique fut antidaté au 25 janvier 1994, en la fête de la conversion de l'apôtre Paul qui a donné indubitablement d'une manière propre forme à l'inculturation[43]. Le document commence avec les mots *Varietates legitimae* et sera donc indiqué également avec ses mots initiaux.

Le document se veut une continuation des trois premières instructions des années 1964 à 1970 comme il apparaît de la détermination subséquente 'Quatrième instruction pour une application juste de la Constitution sur la liturgie du second Concile du Vatican'[44]. Comme en témoigne l'ajout auprès des numéros 37-40 de cette Constitution ce nouveau document veut particulièrement opérationaliser cette partie de la constitution.

Une longue période de silence et d'arrêt dans la liturgie officielle a précédé ce document comme si Rome considérait la rénovation liturgique comme pratiquement terminée. On pourrait donc considérer ce document en première instance comme un document surprenant. Le fait nouveau est l'attention

41. A. CHUPUNGCO, *Remarks on the Roman liturgy and inculturation*, dans *Ecclesia Orans* 11 (1994) 269. D'autres publications de Chupungco sur liturgie et inculturation sont e.a. ID., *Towards a Filipino liturgy*, Manila, 1976; ID., *A Filipino attempt at liturgical indigenization*, dans *Ephemerides Liturgicae* 91 (1977) 370-376; ID., *The Magna Carta of liturgical adaptation*, dans *Notitiae* 14 (1978) 74-89; ID., *Verso una liturgia per le Filippine*, dans *Rivista Liturgica* 65 (1978) 144-149; ID. (1982); ID., *Adattamento*, dans SARTORE-TRIACCA, 1-15; ID., *Adaptation of the liturgy tot the culture and traditions of the peoples*, dans *Notitiae* 20 (1984) 820-834; ID., *A definition of liturgical inculturation*, dans *Ecclesia Orans* 5 (1988) 11-23; ID. (1989); ID. (1992); ID., *Revision, adaptation, and inculturation; a definition of terms*, in A. TRIACCA e.a., *L'adattamento culturale della liturgia. Metodi e modelli*, Roma, 1993, 13-26; ID. (1993); ID., *Inculturazione e liturgia: i termini del problema*, dans *Rivista Liturgica* 82 (1995) 361-385. Dans ce que Chupungco a écrit il est aussi question d'une évolution. Dans ce contexte on peut avec profit utiliser comme point de départ son livre récent '*Liturgical inculturation*' de 1992 et ensuite lire les publications précédentes.

42. Comparez P. JOUNEL, *Une étape majeure sur le chemin de l'inculturation liturgique*, dans *Notitiae* 30 (1994) 270. Pour l'histoire plus détaillée du document romain, voir J. EVENOU, *La IV Istruzione per una corretta applicazione della Costituzione conciliare sulla liturgia (nn. 36-40)*, dans *Rivista Liturgica* 82 (1995) 392-398.

43. Le document porte comme titre *De Liturgia romana et inculturatione, Instructio quarta 'ad executionem Constitutionis Concilii Vaticani secundi de Sacra Liturgia recte ordinandam' (ad Const. art. 37-40)*. Texte latin dans *Notitiae* 30 (1994) 80-115; texte français autorisé, dans o.c., 116-151. Edition française: CONGRÉGATION POUR LE CULTE DIVIN ET LA DISCIPLINE DES SACRAMENTS, *La liturgie romaine et l'Inculturation. IVe Instruction pour une juste application de la Constitution conciliaire sur la liturgie*, Paris, 1994. Texte officiel dans *Acta Apostolicae Sedis* 87 (1995) 288-314. Commentaire officiel: *«Commentarium» alla quarta istruzione per una corretta applicazione della costituzione conciliare sulla sacra liturgia*, dans *Notitiae* 30 (1994) 152-166 et A.M.J. JAVIERRE ORTAS, *Inculturation et Liturgie*, dans *Notitiae* 30 (1994) 608-625. Voir aussi e.a. CHUPUNGCO, *Remarks on the Roman liturgy and inculturation*, 269-278; *La inculturación y la liturgia*, Phase (1995) no 206; N. MITCHEL *The Amen Corner*, dans *Worship* 68 (1994) 369-376.

44. Les trois instructions précédentes étaient *Inter Oecumenici* (1964), *Tres abhinc annos* (1967) et *Liturgicae Instaurationes* (1970).

détaillée et expresse de Rome pour l'inculturation de la liturgie. Avec ce document paraît introduite, semble-t-il, une nouvelle phase de rénovation de la liturgie qui pourrait se raccorder à ce qui était à l'œuvre à la base depuis des années. Et de plus il s'agit — comme il apparaît d'une implication immédiate de ce document — d'un processus constant car les cultures changent sans cesse.

On ne peut pas se méprendre sur la partie théorique du document romain. Rome est favorable à une inculturation profonde. Je signale les points suivants. 1. D'après le document l'inculturation est un double mouvement par lequel l'évangile s'incarne dans une culture et l'Église à son tour se trouve enrichie et transformée par des nouveaux aspects et des valeurs empruntées à cette culture (no 4); la culture est dans ce sens comprise d'une manière (plus ou moins) large. Il est explicitement question d'introduction dans la liturgie d'éléments qui ne concernent pas seulement les rites religieux, mais aussi sociaux des peuples (no 32). 2. Incarnation signifie inculturation parce que Jésus s'est associé lui-même aux circonstances sociales et culturelles du peuple de l'Alliance avec lequel il a vécu et prié, devenant ainsi un membre d'un peuple, d'un pays ou d'une époque (no 10). 3. De là la foi ne signifie nullement que l'on doive renoncer à sa culture (no 14). 4. La création et le développement des formes de la célébration chrétienne se sont produites selon des circonstances locales (no 17). 5. Le rite romain lui-même s'est constitué d'après un processus éclectique par l'incorporation de textes, chants, gestes et rites provenant d'autres sources et par l'adaptation à des cultures locales (no 17). 6. Toutes les familles liturgiques en Occident et en Orient sont nécessaires pour conserver la tradition chrétienne dans sa totalité. 7. Le culte est radicalement inclusif car l'Église pénètre toutes les cultures (no 22).

Dès lors on s'attendrait à ce que l'Instruction sur la base de cette partie théorique serait du point de vue pratique très ouverte à l'inculturation. Ce n'est à présent pas le cas. A mi-chemin le document change de ton. Il en arrive finalement à un renforcement des normes existantes. A juste titre Mitchell le considère comme un document «schizophrenic»[45]. Dans ce contexte il est frappant qu'au début de l'instruction on accorde d'une manière explicite et consciente la préférence à l'expression inculturation sur celle d'adaptation et que néanmoins dans le titre et les premières parties seulement du document le terme inculturation remplit un rôle central. A partir de la troisième partie le terme inculturation disparaît et fait place à celui d'adaptation qui est utilisé 27 fois (en plus de deux fois le verbe *adaptare*)[46]. Il est certes important de remarquer que la Constitution sur la liturgie ne connaît pas encore le mot inculturation et utilise toujours la dénomination générale

---

45. MITCHEL (1994) 375.

46. Comparez aussi le commentaire de J.L. YÁÑEZ, *La inculturación en la liturgia. Comentario desde América*, dans *Phase* 35 (1995) no 206, 139 et de D. POWER, *Liturgy and Culture Revisited*, dans *Worship* 69 (1995) 225-226.

d'adaptation. On retrouve toujours ce mot dans les nouvelles *editiones typicae*[47] Et un commentaire officiel explique l'emploi encore assez fréquent du mot adaptation dans le document en indiquant qu'avec le mot inculturation on veut désigner le *terminus ad quem* et les manières d'y arriver tandis qu'avec adaptation on désigne les changements concrets des textes et des rites[48]. Mais cette explication est peu satisfaisante et il n'en reste pas moins remarquable qu'un document qui concerne l'inculturation retombe progressivement de plus en plus fréquemment sur l'indication vague et générale d'adaptation. De plus le document n'est guère enthousiasmant, en ce sens qu'il est plutôt monitoire et contient des mises en garde et des appels à la prudence, comme nous sommes d'ailleurs habitués avec des documents de ce genre!

Je m'attarde à présent sur un certain nombre de points importants d'où il apparaît que le document romain restreint l'inculturation plus qu'il n'est raisonnable et qui en même temps touchent les voies pratiques de l'inculturation.

2.2. Avec le maintien de l'unité substantielle du rite romain

Déjà dans l'introduction qui précède la partie théorique du document une importante restriction est apportée: il en va d'une inculturation avec le maintien de l'unité substantielle du rite romain (no 2). Cette partie de phrase 'avec le maintien de l'unité substantielle du rite romain' est empruntée au no 38 de la Constitution où il est question des possibilités d'adaptation des livres liturgiques rénovés. Le no 40 de la Constitution ouvre la voie à une inculturation plus radicale et laisse la possibilité ouverte d'une apparition de nouveaux rites à côté du rite romain. A présent il est remarquable que ce document applique également au no 40 ce bout de phrase 'avec maintien de l'unité substantielle du rite romain'. Cela se passe implicitement dans le no[s] 34, 35 et 36 et très expressément au no 63 où il est dit que des accomodements plus profonds n'ont pas le moins du monde pour but de changer le rite romain mais qu'ils reçoivent une place à l'intérieur de ce rite romain[49].

La question reste posée de savoir ce qu'implique d'une manière précise

---

47. CHUPUNGCO (1982) 42-57; ID. (1989) 23-25; ID. (1992) 109-110. Voir aussi *Cronaca dei lavori della «plenaria» 1991*, dans *Notitiae* 28 (1991) 83. A noter que pour adaptation deux mots latins sont utilisés qui sont synonymes notamment *aptatio* et *accomodatio*. Pour l'histoire de ces termes voir p.ex. CHUPUNGCO, *Remarks on the Roman liturgy and inculturation*.

48. «*Commentarium*», 156: «Il senso di questa terminologia resta quello della «Sacrosanctum Concilium» e indica concretamente come si attua anche la «inculturatio». Lo si può dedurre dall'uso ravvivato dei due termini nel n. 37: «Ritus romani aptationes, etiam in ambitu inculturationis...», dove appare chiaro che con «inculturazione» si vuole designare un punto di arrivo, un fine da raggiungere e insieme i modi di arrivvarvi, mentre con «adattamenti» si indicano le modifiche o «mutationes» a teste e riti.»

49. Au no 36 il est fait renvoi à un discours de Jean-Paul II à l'Assemblée plénière de la Congrégation pour le Culte divin et la Discipline des Sacrements, 26 janvier 1991, no 3, dans *Acta Sanctae Sedis* 83 (1991) 940: «Il ne faut pas davantage entendre l'inculturation comme la création de rites alternatifs...Il s'agit plutôt de collaborer pour que le rite romain, tout en maintenant sa propre identité, puisse accueillir les adaptations opportunes».

cette 'unité substantielle du rite romain'. La réponse est que c'est celle qui est explicitée dans les nouveaux livres liturgiques, les *editiones typicae* (voir en particulier no 2 et no 36)[50]. Ceux-ci signalent dans leurs introductions générales et dans les remarques préalables quand l'inculturation est possible. Et pour autant qu'une inculturation plus radicale soit nécessaire, celle-ci devra se dérouler d'après une procédure minutieusement établie.

Mais la question reste néanmoins posée: est-il possible de décrire d'une manière plus précise l'unité substantielle du rite romain? Il n'est pas facile de présenter ce que l'on trouve à ce sujet comme interprétations diverses chez les liturgistes. Je m'efforce d'y mettre un peu d'ordre.

a. Quand on part de la Constitution elle-même et des discussions au cours du concile on ne peut pas dire davantage que ceci: l'unité substantielle du rite romain n'est pas liée au maintien du latin et à une rigoureuse uniformité des rites[51]. A ce propos il faut se réaliser que cette conscientisation au concile était une très grande ouverture. Mais en même temps c'était un début balbutiant de l'inculturation de la liturgie romaine.

b. Plus loin va l'opinion qu'il en va de la forme et du contenu de la liturgie romaine classique. Chupungco fait remarquer que le concile voulait arriver en premier lieu à une révision des livres liturgiques existants[52]. A ce propos il en allait – dans l'esprit du mouvement liturgique – de la structure de la liturgie romaine classique telle qu'elle fut élaborée par les papes romains depuis la fin du 4e siècle jusqu'au 7e siècle; la liturgie donc telle qu'elle existait à Rome avant qu'elle n'assuma au 8e siècle des éléments franco-germaniques. L'euchologie et la forme rituelle en étaient caractérisées par des traits de simplicité, sobriété et clarté. Chupungco renvoie à ce propos à ce que Bishop a écrit au sujet du 'The genius of the Roman rite'[53]. Et il remarque que même quand le corpus des textes liturgiques dans le missel romain rénové utilise des sources qui datent du moyen âge ou des temps modernes ces formulaires – bien qu'à des degrés divers – utilisent le même style classique[54]. Ainsi, le concile voulait offrir aux églises locales ce modèle comme *editio typica*. Celles-ci pourraient l'adapter à leur tour à leur propre culture à l'exemple des églises franco-germaniques du 8e siècle. L'unité substantielle est donc maintenue par la sauvegarde des limites préci-

50. EVENOU, 396-397 y ajoute qu'on peut reconnaître l'appartenance au rite romain pas seulement dans les *editiones typicae*, mais aussi dans les éditions approuvées des langues diverses.

51. B. NEUNHEUSER, *Servata substantiali unitate ritus romani: SC 38*, dans *Ecclesia Orans* 8 (1991) 78-87.

52. CHUPUNGCO (1989) 3-10, et (1992) 22.

53. Voir la conférence de E. Bishop de 1899 dans le recueil E. BISHOP, *Liturgica Historica. Papers on the liturgy of the western church*, Oxford, 1918, 1-19. Traduction allemande avec des remarques précieuses de J. PINSK dans *Liturgisches Zeitschrift* 4 (1931-1932) 359-417.

54. CHUPUNGCO (1989) 83.

sées par les *editiones typicae*[55].

Neunheuser, le professeur de Chupungco, comprend l'unité substantielle d'une manière analogue; et en plus il insiste qu'il en va encore davantage que de l'expression caractéristique, du contenu théologique particulier de cette liturgie romaine classique[56]. La caractéristique de Bishop doit – à la suite de Casel[57] – être complétée en ce sens qu'avec l'expression limpide va de pair une profondeur mystique. Herz a exprimé cela, à mon avis, d'une manière percutante avec les mots d'Augustin: «*Ista sunt mysteria brevia, sed magna*»[58].

c. Neunheuser met en général davantage l'accent sur le contenu de la liturgie romaine que sur son expression, sans pour cela y renoncer. Mais Chupungco paraît parfois considérer la liaison avec le contenu doctrinal et spirituel de la liturgie romaine comme condition suffisante pour pouvoir parler d'une forme particulière de la liturgie romaine[59]. Et aussi Wegman, qui fait remarquer que depuis Vatican II il n'est que trop navigué avec un seul navire dans les eaux romaines[60], souligne que les motifs et thèmes de base de l'euchologie romaine peuvent être une source multicolore et inspiratrice pour la liturgie contemporaine[61]. Il en va certes de présenter cette euchologie d'une manière contemporaine. En ce sens le trésor des prières romaines a conservé encore toujours sa signification pour la foi présente. Du reste cette troisième interprétation ne paraît pas s'accorder avec la conception sur l'inculturation du document romain.

Avant de traiter d'interprétations qui vont plus loin, je voudrais encore remarquer trois choses.

a. Il est significatif que Chupungco limite l'inculturation dans un sens strict à sa structuration selon les adaptations rendues possibles par les nouvelles

---

55. Voir aussi R. KACZYNSKI, *Der Ordo Missae in den Teilkirchen des römischen Ritus*, dans *Liturgisches Jahrbuch* 25 (1975) 99-136 et ID.,
Die Entwicklung des Missale Romanum und einiger volkssprachlicher Messbücher nach der Editio typica des Missale Romanum, dans *Liturgisches Jahrbuch* 38 (1988) 123-137.

56. B. NEUNHEUSER, *Il genio di questa liturgia romana*, dans ID., *Storia della liturgia attraverso le epoche culturali*, Roma, 1977, 64-66; ID., *Storia della liturgia*, dans SARTORE-TRIACCA, 1465; ID., *Ein vierteljahrhundert Liturgiereform 25 Jahre «Sacrosanctum Concilium»*, dans *Archiv für Liturgiewissenschaft* 30 (1988) 272-274; ID., *Servata substantiali...*, 77-95.

57. O. CASEL, *Mysterium und Martyrium in den römischen Orationen*, dans *Jahrbuch für Liturgiewissenschaft* 2 (1922) 18-38, particulièrement 38.

58. AUGUSTINUS, *Sermo* (Guelferb), 7, *De Dominica S. Paschae* (G. MORIN, *Sancti Augustini sermones post Maurinos reperti: Miscellanea Agostiniana*, I, Romae, 1930, 644). M. HERZ, *Sacrum Commercium. Eine begriffsgeschichtliche Studie zur Theologie der römischen Liturgiesprache* (Münchener theologische Studien, 2/15), München 1958, 2.

59. CHUPUNGCO (1989) 10 et (1992) 123-125.

60. H. WEGMAN, *Riten en mythen. Liturgie in de geschiedenis van het christendom*, Kampen, 1991, 358.

61. H. WEGMAN, *De gebeden van de paastijd in het missaal van 1970*, dans *Tijdschrift voor Theologie* 28 (1988) 365-366.

editiones typicae. Ici et là seulement il paraît élargir quelque peu le concept mais généralement il parle alors d'adaptations plus poussées de créativité à la place d'inculturation[62]. J'estime cela trop restreint. L'inculturation implique de soi aussi créativité liturgique.

b. En particulier quant aux rituels du mariage et des funérailles officiellement une inculturation paraît possible qui provient d'une conception plus large de l'inculturation et où la notion 'avec maintien de l'unité substantielle du rite romain' est assez largement comprise. On dirait même jusqu'à l'interprétation authentique du no 40 de la Constitution. Cela paraît aussi bien des *editiones typicae* postvaticanes que du document lui-même (no 57 et 58).

c. Des auteurs comme Neunheuser et Chupungco font remarquer qu'on peut comparer les nouveaux livres qui ont été inculturés avec le maintien de l'unité substantielle de la liturgie romaine, à un livre comme le *Pontificale Romano Germanicum* du 10e siècle qui est aussi bien romain que germano-franc[63]. Ainsi la désignation finale du missel zaïrois est aussi: 'Missel romain pour les diocèses du Zaïre'. Rome souhaitait un missel romano-zaïrois.

2.3. Inculturation et origine de nouveaux rites

Hebblethwaite estime que c'est nullement un hasard que cette quatrième instruction soit parue avant la tenue à Rome du Synode pour l'Afrique. C'est une attaque préventive contre ceux qui durant les dernières décennies voulaient encourager le développement des diverses familles africaines de rites. Le document veut limiter l'inculturation dans d'autres cultures à des variantes à l'intérieur du rite romain[64]. Je ne puis ni ne veux me prononcer sur l'opinion de Hebblethwaite. Je constate néanmoins ce qui suit. Alors que de la partie théorique du document on pourrait déduire que d'autres liturgies que

---

62. Voir p.ex. CHUPUNGCO (1989) 34-35; ID. (1992) 11, 28-35, 45, 54, 76, 93-94; ID., *Remarks on...*, 274-275. Voir aussi le commentaire de B. NEUNHEUSER dans sa recension de Chupungco (1992) dans *Archiv für Liturgiewissenschaft* 35/36 (1993-1994) 191: «Beim Studium der Ausführungen des Vf. macht muss man wohl den Eindruck des i. Kap. überwinden, das in verschiedenen Vorschlägen zur Definition u. Deutung eine geradezu erschreckende Radikalität, Neuschöpfungen zu bejahen, vermuten lässt. Vf. macht sich die radikale Tendenz der verschiedenen Definitionen durchaus nicht zu eigen. Der Tenor dessen, was er als «liturgical inculturation» versteht u. was er dann im 2., 3. u. 4. Kap. entfaltet, ist ein gänzlich anderer. Grundlage aller I. ist in den editiones typicae der nachkonziliaren Reform gegeben...».

63. NEUNHEUSER, *Servata substantiali...*, 93; CHUPUNGCO (1992) 122.

64. P. HEBBLETHWAITE dans *National Catholic Reporter* 30 (1994) no 26 (29 april), 10. Comparez MITCHEL (1994) 373: «Taking assertion to these assertions, Bishop Sarpong (of Ghana) exclaimed, «I am an Asante! So many rites have been approved (in the course of the Church's history)...Why should I have to follow the Roman rite?...The Roman rite is excellent for people with that mentality. What I am saying is, allow me to make the Mass more meaningful for my people».« Voir à ce propos aussi L. BERTSCH, *Entstehung und Entwicklung liturgischer Riten und kirchliches Leitungsamt* in ID. (éd.) (1993) 209-256 et JOUNEL (1994) 264 et 271. En relation avec le rite zaïrois cette question concerne en particulier la prière eucharistique: bien qu'un texte plus culturellement adapté ait été proposé, le texte approuvé se rapproche fort des prières eucharistiques romaines.

la romaine pourraient aussi apparaître, ceci est ensuite écarté dans la partie pratique. Cela a des conséquences lointaines non seulement pour le Zaïre, mais aussi pour d'autres pays africains, pour l'Asie, l'Amérique latine, et finalement pour l'Europe[65]. Il y a eu et il y a encore pas mal d'auteurs qui plaident pour des possibilités plus accentuées d'inculturation. Et en fait Rome a aussi parcouru d'une certaine manière ce chemin par l'élaboration et la nouvelle édition de la liturgie milanaise, respectivement ambrosienne dans le *Messale Ambrosiano* de 1976[66], et d'une manière encore plus radicale par la nouvelle élaboration du 'Missel hispano-mozarabe'. En 1988 le *Missale Hispano Mozarabicum* était confirmé *ad interim* pour toutes les diocèses espagnols[67]. Ce sont des exemples officiels de ce qui est aussi possible dans d'autres églises locales. A ce propos il est important de remarquer que le no 4 de la Constitution sur la liturgie, en rapport avec le maintien et le développement d'autres rites, n'est nullement entendu comme rétrospectif. B. Fischer a établi d'une manière convaincante que l'intention expresse du concile était en même temps de tenir un discours sur l'avenir. On voulait rendre possible la formation de nouvelles familles de rites[68].

A partir de l'histoire de la liturgie il apparaît qu'on ne peut imposer aucune forme de liturgie, et pas non plus le rite romain classique. Dans un commentaire sur la quatrième instruction le préfet de la Congrégation pour le Culte divin et les sacrements Javierre Ortas fait remarquer que les missionnaires ont introduit la liturgie chrétienne sous la forme de la liturgie romaine parmi les peuples qu'ils ont évangélisés et que dès lors on ne peut agir comme si cela ne s'était pas passé ainsi et comme si cela était devenu caduc aujourd'-hui[69]. On ne peut pas recommencer l'histoire. Sa conclusion est qu'il est dès lors logique que le pape écarte la création de rites alternatifs. On pourrait cependant tout autant conclure qu'au moins une croissance prudente vers des rites alternatifs devrait être possible car à partir de nos opinions contemporaines la question se pose de savoir pourquoi le rite romain devrait avoir autorité sur d'autres peuples que ceux qui appartiennent à la civilisation gréco-romaine. On devrait tout au moins se poser la question si peut-être (à la longue) d'autres liturgies que la romaine ne pourraient pas tout autant constituer une

---

65. MEYER (1989) 515-548, particulièrement 534-548.

66. *Ibid.* 161-164.

67. *Ibid.* 515-548, particulièrement 534-548.

68. B. FISCHER, *Liturgie oder Liturgien?*, dans *Trierer Theologische Zeitschrift* 90 (1981) 272-273 fait remarquer: «Mon vénéré maître d'Innsbruck J.A. Jungmann... écrit dans son bref commentaire sur notre article 4: 'La section de phrase du schéma: *omnes ritus legitime vigentes*, a été rapportée dans la version actuelle: *legitime agnitos*, comprenant le temps présent et le futur. L'adjonction proposée: *vel agnoscendos*, a été estimée en commission significative mais superflue'. Ce qui est important pour une interprétation ultérieure du concile est que le rapporteur de la commission, l'évêque canadien Joseph Martin, a expressément dit aux Pères avant le vote que la nouvelle formulation était également destinée pour l'avenir: *'Non solum ritus nunc in usu, sed forsan alii in futuro agnoscendi'*... L'événement est d'importance, car il ouvre la porte pour la formation p.ex. d'une liturgie africaine ou indienne autonome.» (voir aussi BERTSCH (éd.) (1993) 232-233).

69. JAVIERRE ORTAS (1994) 620.

base de départ pour certaines églises locales. Que peut-on dire p.ex. à ce propos sur la liturgie éthiopienne ou copte par rapport à l'Afrique[70]?
La question est donc de savoir ce qu'il faut conserver comme identité.

a. J. Aldazábal fait remarquer que le concile de Trente s'exprima d'une manière plus vaste sur l'unité substantielle[71]. Il en va pour ce concile du maintien de la 'substance des sacrements'[72]. La concrétisation de l'unité substantielle s'opère il est vrai dans la liturgie même, mais cela ne signifie pas qu'il faut élargir la catégorie de l'unité substantielle jusqu'à l'expression concrète textuelle, rituelle ou structurelle. Aussi des textes ou gestes symboliques qui ne proviennent pas du 'Genius of the Roman Rite' ne constituent pas une menace pour l'unité substantielle ni du sacrement ni du rite romain. Il en va donc avant tout d'un critère théologique auprès duquel il faut bien se réaliser les changements qui ont eu lieu au cours de l'histoire des sacrements.

b. Un autre critère pourrait être la question de savoir quels sont liturgiquement parlant les données essentielles à partir des diverses traditions liturgiques, aussi bien en ce qui concerne la liturgie en général qu'en ce qui concerne ses parties diverses; ceci concerne la question des structures essentiellement liturgiques et du contenu essentiellement théologique de la liturgie. Ainsi Amalorpavadass fait remarquer que l'unité des rites est basée sur l'Église apostolique d'où sont issues les autres églises locales[73]. Et d'après Hastings le modèle de base pour la diversification culturelle de la liturgie devrait rester la voie parcourue dans l'Église ancienne. Chaque rite, le romain inclusivement, est le fruit d'une inculturation historique spécifique. Chaque rite porte en lui sa propre culture ou mieux encore les traits des cultures successives en relation mutuelle[74].

c. Metzger utilise un critère très spécial[75]. L'histoire témoigne précisément que les adaptations culturelles tiennent la liturgie en vie et que la fixation de la liturgie la rend statique et intouchable. Lors de sa fixation, elle perd

---

70. Voir à ce propos e.a. HASTINGS 20-21; SHORTER 192; E.E. UZUKWU, *Liturgy truly christian, truly African*, Eldoret, Kenya, 1982.

71. J. ALDAZÁBAL, *Lecciones y modelos de la historia para la inculturación de la liturgia*, dans *L'adattamento culturale della liturgia: metodi e modelli*, Roma 1993, 151-185; ID. (1995) 105.

72. Concilium Tridentinum, Sessio 21, cap.II: «In sacramentorum dispensatione, salva illorum substantia'. Voir à ce propos aussi la Constitution sur la liturgie no 21 et la quatrième Instruction no 25 et no 41.

73. D.S. AMALORPAVADASS, *Theological reflections on inculturation (Part 2)*, dans *Studia Liturgica* 20 (1990) 120-121.

74. HASTINGS, 22-23.

75. M. METZGER, *Histoire de la liturgie. Les grandes étapes*, Paris, 1994. Voir aussi la recension de la traduction italienne du livre sous le titre *Storia della Liturgia. Le grandi tappe*, Cinisello Balsamo, 1995 par E. MAZZI, *A proposito di un libro recente*, dans *Rivista Liturgica* 82 (1995) 333-340.

sa relation avec la culture. Il se produit un vide qui dans l'histoire du christianisme, est comblé par le dévotionalisme et des pratiques de dévotion populaire. Metzger propose de rendre à nouveau à nos célébrations la souplesse et la flexibilité de la liturgie des premiers siècles pour ainsi rétablir la fraîcheur et le lien avec la vie, propres à la liturgie. Un critère caractéristique d'une liturgie authentique est son aptitude à être célébrée. Par ce biais seulement la liturgie pourrait retrouver la place première et principale dans l'expérience religieuse et la croissance spirituelle. Metzger plaide ainsi pour une plus grande liberté. Car de l'histoire de la liturgie il apparaît que là précisément une inculturation est possible qui conduit à une liturgie optimale et fructueuse. Dans les périodes de fixation cette liberté est fertile dans des terrains situés en marge du culte et qui après le moyen âge ont été appelés spiritualité. Dévotions, pratiques de piété et écoles de spiritualité sont tous des éléments issus de cette liberté. A ce propos il est remarquable que dans le missel néerlandais de 1973 les prières eucharistiques du propre sol ont dû nécessairement être reprises dans la catégorie des prières privées[76].

A mon avis on pourrait éventuellement combiner le critère de Metzger avec le critère précédent qui partait du maintien des données essentielles des différentes traditions liturgiques.

2.4. *Inculturation en Europe occidentale*

Au no 7 de la quatrième instruction se trouve un passage curieux. On y fait remarquer qu'en rapport avec l'inculturation la situation est différente dans les pays d'ancienne tradition chrétienne occidentale. La culture est dans ces pays depuis longtemps imprégnée par la foi et par la liturgie exprimée dans le rite romain. Or dans ces pays se produit précisément le phénomène d'une pénétration toujours plus profonde d'une culture qui se caractérise par son indifférence ou son désintéressement envers la religion. Face à cette situation il ne faut pas parler d'après le document d'inculturation. Car il ne s'agit pas dans ce cas d'assumer des valeurs religieuses préexistantes en les évangélisant mais d'insister sur la formation liturgique et de trouver les moyens les plus aptes pour rejoindre les esprits et les cœurs (no 8). D'une manière encore plus négative commence un éditorial sur la liturgie et l'inculturation dans un récent numéro des Notitiae 1995[77]. Je cite: «C'est un non-sens qui touche à l'absurde que de parler d'inculturation de la liturgie là où il est question d'une culture caractérisée par l'indifférence et le désintérêt pour la religion. Dans ce cas il n'en va pas tellement de l'accueil et de l'évangélisation de valeurs religieuses existantes que bien de l'accentuation de la formation

---

76. K. JOOSSE, *Eucharistische gebeden in Nederland. Een documentaire studie over de ontwikkeling van de vertaalde Romeinse en 'eigen' Nederlandse eucharistische gebeden (1963-1979)*, Tilburg, 1991, 656-688, en particulier 688.

77. *Evangelizzazione – inculturazione liturgia*, dans *Notitiae* 31 (1995) 149-152.

liturgique et de la découverte de moyens à influencer esprit et cœur»[78]. En ce qui concerne la culture européenne occidentale les adaptations rendues possibles à l'intérieur des livres liturgiques sont, d'après le document, suffisantes. Ici se passe ce que j'ai déjà pu critiquer dans une publication précédente[79]. A partir d'une vue très pessimiste de la culture européenne occidentale on limite l'inculturation de la liturgie. Mais il est, à mon avis, sans plus injuste de prétendre que dans cette culture aucune inculturation n'est possible puisqu'elle ne connaîtrait pas de valeurs religieuses préexistantes. Tout d'abord il faut remarquer que des valeurs humaines sont aussi importantes pour l'inculturation. Je voudrais mettre en lumière en ce domaine les descriptions plus larges des notions de culture et d'inculturation. Le document lui-même présente aussi une description qui va au-delà de la seule inculturation des rites religieux. Ensuite notre culture européenne occidentale actuelle connaît parfaitement des valeurs religieuses préexistantes. Et finalement pourquoi la culture païenne gréco-romaine serait-elle bien apte pour une inculturation optimale de la liturgie chrétienne et non pas la culture européenne occidentale? N'est-il pas question ici d'un manque de relativisme culturel? Il faut alors certes pénétrer dans cette culture. Bertsch fait remarquer à juste raison que non seulement des cultures pré- chrétiennes, mais aussi post-chrétiennes sont à prendre en considération pour l'inculturation[80].

Il n'y a pas mal d'exégèse nécessaire pour une présentation positive de ce passage de l'instruction. Ainsi Chupungco fait remarquer qu'on ne peut conclure de ce document que les églises de l'ancienne tradition en raison de leur affinité avec la culture du rite romain ne devraient pas soucier de l'inculturation[81]. L'instruction dit seulement que la mesure d'inculturation est différente et dépend de la situation locale (no 29). Eh bien, au no 7 de l'instruction il est dit que pour l'Occident avec sa tradition chrétienne ancienne les adaptations fournies dans les livres liturgiques, sont *en général* suffisantes pour faire droit à des circonstances diverses. La prémisse est que là encore il est question d'un certain lien entre la culture du rite romain et la culture actuelle du monde occidental. Il fait à ce propos la remarque critique que cette prémisse est nettement sujette à une discussion culturelle et sociologique. Mais encore selon Chupungco, nous devons en tout cas noter

---

78. *Ibid.*, 149. Pour cette interprétation, voir p.ex. aussi S. MAGGIANI, *Riflessioni conclusive*, dans *Adattamento e inculturazione della liturgia (Rito del matrimonio)*, numéro thématique *Rivista Liturgica* 72 (1985) 339-347. A propos de la question de savoir dans quelle culture la liturgie peut prendre racine Maggiani mentionne l'intervention de mgr F. Favreau lors de la réunion des présidents et secrétaires des commissions nationales pour la liturgie en 1984, alors que celui-ci était président des commissions de l'Europe francophone: «Il n'est pas du tout évident que le monde occidental, qui est devenu étranger à sa culture précédente, réussira, partant des différents éléments culturels d'aujourd'hui, à arriver à une culture au sens propre du terme. Et dans cette situation il est certes question d'une grande difficulté que la liturgie catholique n'a pas encore rencontrée jusqu'à présent: l'absence d'une culture dans laquelle elle pourrait prendre racine».

79. LUKKEN, *Inculturation et avenir de la liturgie*, 117-119.

80. Bertsch (éd.), 235.

81. CHUPUNGCO, *Remarks on...*, 272-273.

que l'instruction ne ferme pas la porte à un type d'inculturation plus poussé qui n'est pas envisagé par les livres liturgiques. L'expression *en général* fait partie intégrante du texte et devrait être comprise à la lumière de ce que dit le no 63: ce type plus poussé d'inculturation suppose que la conférence épiscopale a utilisé toutes les possibilités offertes par les livres liturgiques. D'après Chupungco il ne faudrait pas non plus comprendre ce passage comme si la nécessité d'une formation liturgique excluait l'inculturation. Et pas plus comme s'il agissait d'une succession chronologique: d'abord formation et puis inculturation. L'inculturation liturgique doit aller de pair avec la formation liturgique. L'inculturation doit tracer des chemins pour la formation. On pourrait aussi bien dire que la liturgie inculturée pourrait très bien servir comme véhicule de l'évangélisation[82]. Chupungco étire de cette façon le document autant que possible. Il reste naturellement très curieux qu'une telle exégèse soit nécessaire dans un document où en théorie il est traité d'une manière si claire et étendue de l'inculturation. Cela n'empêche pas que le document jette un regard invraisemblablement obtus et négatif envers la culture occidentale contemporaine.

Notre culture occidentale a subi au plus haut point des changements profonds. Dans une publication précédente j'ai suffisamment indiqué ces transformations[83]. En plus j'ai également noté que l'inculturation dans cette culture a des conséquences profondes pour la place et la forme de la liturgie. La liturgie chrétienne occupe dans notre société postchrétienne une place beaucoup plus réduite que dans la culture précédente. Elle a sa propre identité, mais alors dans une société multiculturelle et multireligieuse. Ce qui conduit à la formation propre d'une liturgie du seuil, à l'absorption de nouvelles valeurs religieuses *générales* dans la liturgie même et à l'apparition de célébrations interreligieuses. Il est question d'une nouvelle représentation de Dieu, d'une christologie de par la base, d'une autre vision sur l'histoire, la hiérarchie, le pouvoir, le ministère, la femme etc. qui pénètrent nécessairement dans la formation de la liturgie[84]. Sur la base d'une analyse détaillée du Missel d'autel allemand Hans Bernhard Meyer fait remarquer que dans ce missel il n'est pas encore question d'inculturation[85]. Et alors il plaide pour des modifications profondes dans l'*ordo missae*. Il faut en arriver à un *ordo* plus transparent et aussi plus bref pour les jours de semaine et pour les

---

82. Comparez à ce propos le plaidoyer de Chupungco pour une catéchèse mystagogique contemporaine dans CHUPUNGCO (1992) particulièrement 158-166.

83. LUKKEN, *Inculturation...*, 119-124. Intéressante à ce propos est aussi la publication récente P. ESTER-L. HALMAN, *De cultuur van de verzorgingsstaat*, Tilburg, 1995, d'où il paraît que les orientations des valeurs du néerlandais sont généralement restées plus traditionnelles que ne suggèrent les media. Cependant la publication n'ôte rien à l'esquisse donnée de notre culture.

84. Pour le mouvement féministe comme manière propre d'inculturation, voir T. BERGER, *The women's movement as a liturgical movement: Form of inculturation?*, dans *Studia Liturgica* 20 (1990) 55-64.

85. H.B. MEYER, *Zur Inkulturation der Eucharistiefeier im Blick auf das deutsche Sprachgebiet*, dans *Liturgisches Jahrbuch* 41 (1991) 7-23. Pour un bref aperçu sur les adaptations dans les livres officiels voir J.M. CANALS, *Realizaciones de inculturación en la liturgia romana*, dans *Phase* 35 (1995) no 206, 113-126.

communautés qui célèbrent régulièrement l'eucharistie. L'*ordo* actuel est surchargé. Il surmène les personnes de notre culture qui sont déjà constamment surchargées. L'*ordo* ne leur permet pas dans le bref laps de temps qui leur est accordé pour l'eucharistie quotidienne (en général moins d'une demi-heure) et/ou l'eucharistie hebdomadaire (en général pas plus de trois quarts d'heure) de pénétrer réellement jusqu'à la liturgie[86]. Et il plaide alors pour une inculturation plus profonde qui concerne aussi toutes les prières eucharistiques officielles. Dans notre culture européenne occidentale il y a aussi bien demande d'une inculturation profonde. Cette inculturation est en fait à l'œuvre à la base depuis des années et cela a malheureusement conduit, dans certaines églises locales, à une opposition entre la liturgie officielle et celle de la base, une opposition qui s'affirme jusqu'au cœur de l'eucharistie; la prière eucharistique[87]. Une réflexion plus attentive sur l'importance de l'inculturation devrait aussi, à mon avis, apporter la conviction qu'une présentation flexible est nécessaire, même en ce qui concerne l'unité substantielle de la liturgie romaine en Occident. Naturellement il faudra préserver le patrimoine propre de la liturgie romaine classique. Mais n'est-il pas aussi important de seulement attendre dans quelle mesure une liturgie insérée dans notre culture contemporaine européenne occidentale conservera encore suffisamment son caractère romain? Une nouvelle question sera en plus sans aucun doute si et dans quelle mesure à l'intérieur de cette liturgie européenne occidentale il sera question d'une diversification culturelle et d'accentuations territoriales propres; d'après Van Tongeren il est possible que cette diversité culturelle se manifestera peut-être encore davantage à mesure que la politique et l'économie voudront transformer l'Europe en une unité[88]. De cette inculturation profonde dans la culture européenne occidentale contemporaine, il en va tout autant comme ailleurs d'un symbiose critique. Personne ne peut nier que la culture européenne contemporaine contient des éléments qui ne peuvent entrer en ligne de compte pour l'inculturation, ou peut-être dois je le dire autrement, qui précisément pourraient être changés ou influencés s'ils recevaient d'une manière critique fondamentale leur place dans la liturgie: je pense alors au système économique dominant qui conduit à l'exploitation et à la soumission aussi bien du Tiers-Monde que du nôtre, à la domination

---

86. P. DE CLERCK, *L'intelligence de la liturgie*, Paris, 1995, 28-29 plaide pour plus de temps à consacrer aux célébrations dans notre culture. A mon avis dans notre culture pluriforme il y a place pour les deux formes de célébration. La pratique montrera vraisemblablement que la préférence de la majorité se porte vers la forme plus brève de célébration.

87. Importantes à ce propos sont aux Pays-Bas l'étude de JOOSSE et de H.A.J. WEGMAN (éd.), *Goed of niet goed. Het eucharistisch gebed in Nederland*, deux parties, Hilversum 1976 et 1978. A considérer aussi particulièrement la partie sur les critères pour les prières eucharistiques (partie 1, 8-25) qui utilise des critères plus larges que les documents officiels.

88. Voir L. VAN TONGEREN, *Liturgical renewal never ends*. Cet article apparaîtra dans le livre du Colloque international 'Vatican II et son héritage', tenu à la faculté de théologie de Louvain de 25-27 avril 1995. Pour une version adaptée voir *Tijdschrift voor Liturgie* 80 (1996).

de la rationalité cognitive-instrumentale dans tous les secteurs de la société[89], à l'unidimensionalité. Quoiqu'il en soit, l'inculturation de la liturgie dans la société moderne sécularisée signifie que dans les symboles, les actions symboliques et le langage symbolique on donne en même temps d'une manière authentique expression aux dimensions cachées de la finalité qui sont présentes dans l'expérience séculière[90]. Il importe aussi en Europe occidentale de savoir si les chrétiens peuvent célébrer leur liturgie dans une langue qui n'est pas seulement inspirée par l'évangile et la tradition, mais aussi selon une vision croyante sur le monde d'après leur sentiment vital.

2.5. *Religiosité populaire et dévotions populaires*

L'Instruction adopte une attitude fort négative envers l'introduction de pratiques de dévotion populaire dans la liturgie. Elle leur barre résolument le chemin (voir no 45). Il n'est pas impossible que dans ce rejet joue une méprise que l'on rencontre encore toujours dans les documents d'église. Ainsi W. Brückner fait remarquer que dans ces documents la dévotion populaire comme *religio carnalis* est fréquemment à tort mêlée et confondue avec la conception de la dévotion populaire comme magie et superstition[91]. En plus joue un rôle l'idée évolutionniste religio-scientifique révolue de la division tripartite superstition – religion – christianisme en ligne ascendante. Cette estimation conduit à un certain spiritualisme et à une opinion trop négative des formes d'interaction symbolico-sensorielles dont parle Lorenzer et qui constituent un fondement anthropologique indispensable pour toute liturgie[92]. Quoiqu'il en soit, un rejet si absolu est curieux. Il est au moins assez différent d'introduire des dévotions populaires comme un tout dans la liturgie ou d'utiliser leur langage et leur modèles rituels pour arriver à une forme plus populaire et moins classique de la liturgie[93]. L'histoire de la liturgie fait apparaître plus que suffisamment que les dévotions populaires d'une manière fructueuse et mûrie peuvent être assumées dans la liturgie. Dans son dernier livre Chupungco y consacre un chapitre très passionnant et percutant[94]. Il y fait remarquer que par le processus de l'inculturation la liturgie et la dévotion populaire peuvent se rencontrer dans une interaction dynamique et une assimilation réciproque pour s'enrichir ainsi de leurs qualités mutuelles.

89. J. VAN DER VEN, *De kerk in maatschappij en cultuur* in ID.-A. HOUTEPEN (éd.), *Weg van de kerk. Reflecties op 'De Pastorale arbeid in de negentiger jaren' van bisschop H.C.A. Ernst*, Kampen, 1994, 21.

90. Voir W.R. CROCK, *Christianity and culture in modern secular society*, dans *Studia Liturgica* 20 (1990) 28-35.

91. W. BRÜCKNER, *Zu den modernen Konstrukten «Volksfrömmigkeit» und «Aberglauben»*, dans *Jahrbuch für Volkskunde* 16 (1993) 215-218.

92. A. LORENZER, *Das Konzil der Buchhalter. Die Zerstörung der Sinnlichkeit. Eine Religionskritik*, Frankfurt, 1981. Voir aussi G. LUKKEN, *Liturgie en zintuiglijkheid. Over de betekenis van lichamelijkheid in de liturgie*, Hilversum 1990, 30-40 (traduction allemande partielle dans LUKKEN (éd. CASPERS-VAN TONGEREN) 134-139).

93. CHUPUNGCO, *Remarks on...*, 275-276.

94. CHUPUNGCO (1992²) 95-133 (sous le titre Popular religiosity and liturgical inculturation).

Pour des églises avec une longue tradition de pratiques religieuses populaires l'inculturation est l'unique solution valable pour une désaffection liturgique et la voie la meilleure pour faire de la religion populaire un véhicule de l'évangile. Le document de Puebla plaide en ce sens[95]. Marsili fait remarquer avec raison qu'il n'est pas correct de déterminer seulement sur la base d'une comparaison avec les caractéristiques classiques de la liturgie romaine si les formes propres, la langue et le style de la religiosité populaire sont aptes pour la liturgie[96]. Et – ainsi Chupungco – alors que la liturgie romaine classique possède des qualités de concision, de sobriété et de style direct, les liturgies orientales connaissent souvent des formules de prière prolixes, des rites colorés et dramatiques, et des actions répétées de vénération d'icônes[97]. En d'autres termes à côté de liturgies romaines existent encore d'autres traditions liturgiques authentiques. Quand le rite romain classique s'incultura dans la culture locale franco-germanique les apologies devinrent une partie importante de cette liturgie. Or aussi bien la structure que la langue de ces apologies sont totalement d'origine dévotionnelle.

Les caractéristiques les plus importantes de la dévotion populaire sont l'aspect festif et dramatique, la spontanéité et la créativité, le caractère à la fois personnel et communautaire et l'orientation vers l'autre monde, combiné avec le profondément humain et l'immédiat[98]. Son genre littéraire se caractérise par sa qualité discursive et pittoresque. La dévotion populaire fait volontiers usage de représentations sacrales. Elle a une préférence pour des actions comme participation totale, répétition et récitation communautaire. Et elle utilise des formes dramatiques souvent très mimétiques et imitatives[99]. Les liturgistes devraient rechercher comment et dans quelle mesure ces caractéristiques pourraient influencer la formation de la liturgie. Chaque élément n'est pas adapté[100]. On ne peut identifier sans plus la liturgie avec la religiosité populaire. Elles ont toutes deux leur identité. Mais la distance entre les deux peut et doit être surmontée. Chupungco traite particulièrement de la religiosité populaire en-dehors de l'Europe. Je voudrais cependant expressément renvoyer à la conférence inaugurale et aussi à d'autres publications de mon successeur Paul Post. Il fait voir combien dans notre liturgie occidentale actuelle la dévotion populaire a également une grande importance pour l'inculturation de la liturgie[101]. La question concerne aussi l'intégration de

95. *Documento de Puebla, La evangelización en el presente y en el futuro de América Latina*, no 465, Buenos Aires, 1979.

96. S. MARSILI, *Liturgia e non-liturgia*, dans B. NEUNHEUSER e.a. (ed), *La liturgia momento nella storia della salvezza* (Anamnesis 1), Torino, 1974, 156.

97. CHUPUNGCO (1992) 111-112.

98. MARSILI, 156.

99. CHUPUNGCO (1992) 119.

100. Pour des exemples, voir CHUPUNGCO (1992) 124-132.

101. P. POST, *Ritueel landschap: over liturgie-buiten. Processie, pausbezoek, danken voor de oogst, plotselinge dood* (Liturgie in perspectief 5), Heeswijk-Dinther/Baarn 1995. Aussi e.a.: ID., *Traditie gebruiken. Sint Hubertus in Muiderberg*, dans M. VAN UDEN e.a. (éd.), *Bij geloof. Over bedevaarten en andere uitingen van volksreligiositeit*, Hilversum, 1991, 191-211; ID., *Het*

la 'musique populaire' dans la liturgie (des jeunes)[102]. Et je renvoie encore une fois expressément à Metzger qui à partir de l'histoire fait voir que la dévotion, également la dévotion populaire, va mener une propre vie à côté de la liturgie si elle n'est pas suffisamment intégrée dans celle-ci[103].

2.6. *L'importance d'une réglementation liturgique plus flexible*

Une partie importante du document romain sur l'inculturation est la réglementation concrète du processus d'inculturation . Il en va même ainsi que ce document a précisément comme 'instruction' une valeur juridique et a pour but d'apporter une réglementation concernant les numéros 37-40 de la Constitution sur la liturgie[104]. Le caractère juridique est marqué aussi dès les mots initiaux de l'instruction: *varietates legitimae*. «Quel que soit son degré d'inculturation», ainsi le no 27 de l'instruction, «la liturgie ne pourrait se passer d'une forme constante de législation et de vigilance de la part de ceux qui ont reçu cette responsabilité dans l'Église: le Siège apostolique et, dans les normes du droit, la Conférence épiscopale pour un territoire donné, l'évêque pour son diocèse». Ceci est répété au no 37; et là il y est ajouté que personne d'autre, même s'il est prêtre, ne peut de son propre chef ajouter, enlever ou changer quoi que ce soit dans la liturgie. L'inculturation – ainsi d'après ce numéro – n'est donc pas laissée à l'initiative personnelle des célébrants ou à l'initiative collective d'une assemblée. En rapport avec une inculturation plus poussée d'après le no 40 de la Constitution le document reprend dans les numéros 65-69 les dispositions qui avaient déjà été prises dans la troisième instruction de 1970 par rapport à l'expérimentation liturgique. Les initiatives en ce domaine doivent être soumises à Rome et quand elles ont été examinées il peut éventuellement être accordé de passer à l'expérimentation pendant un certain laps de temps. En plus il faut veiller e.a., d'après le no 67, à ne pas laisser l'expérimentation s'étendre au-delà des limites prévues de lieux et de temps et à ne pas lui donner une publicité qui pourrait influencer déjà la vie liturgique du pays. Chupungco fait remarquer à juste titre que cette réglementation n'est pas pratique et irréaliste[105]. Le règlement que l'expérimentation ne peut être connue de telle manière

---

verleden in het spel? *Volksreligieuze rituelen tussen cultus en cultuur*, 79-121; ID.-J. PIEPER, *De palmzondagviering. Een landelijke verkenning*, Kampen, 1992; ID., *De pastor aan de bron: over de opbloei van Dokkum als Bonifatiusstad*, dans F. JESPERS-E. HENAU (éd.) *Liturgie en kerkopbouw. Opstellen aangeboden aan Ad Blijlevens*, Baarn, 1993, 240-268; ID., *Thema's, theorieën en trends in bedevaartonderzoek*, dans J. PIEPER e.a. (éd.), *Bedevaart en pelgrimage. Tussen traditie en moderniteit* (UTP-Katernen 16), Baarn, 1994, 253-302; M. VAN UDEN-J. PIEPER-P. POST (éd.), *Oude sporen, nieuwe wegen. Ontwikkelingen in bedevaartonderzoek*, Baarn, 1995.

102. Voir à ce propos G. LUKKEN, *Inculturatie en liturgische muziek.* Cet article apparaîtra dans la série 'Liturgie in perspectief' no 6 (Baarn, 1996) avec les conférences des congrès de *Universa Laus* à Hoeven en 1993 et à Paris en 1994.

103. Voir note 75.

104. *«Commentarium»*, 160-161.

105. CHUPUNGCO, *Remarks on...*, 267.

qu'elle pourrait influencer la vie liturgique du pays paraît à la fois vouloir ignorer l'impact des mass-media et minimaliser l'importance d'une concertation générale de la communauté ecclésiale.

Mais il y a plus. Dans ces passages concernant le droit liturgique on se heurte à un problème pratique par rapport à l'inculturation qui est très urgent. On ressent l'impression que l'instruction veut conduire le processus de l'inculturation d'une manière centralisatrice et stratégique. Le document intègre les acquisitions de Vatican II qui rendait aux évêques leurs droits liturgiques, mais la question est de savoir si le document fait cela d'une manière suffisante, étant donné le propre de la problématique de l'inculturation. L'inculturation est primordialement une affaire des églises locales elles-mêmes. La tâche de l'inculturation et la régionalité des églises sont des conditions mutuelles[106]. L'inculturation n'est pas un processus qui peut être imposé par le haut ou déterminé par quelques uns. Les formes les meilleures d'inculturation se sont aussi produites durant les périodes de vitalité ecclésiale[107]. Une conduite centrale est en opposition avec l'essence de l'inculturation. Certes la direction centrale ecclésiale a aussi une fonction à remplir en ce domaine. Mais à ce propos il faut bien comprendre comment il en allait durant le premier millénaire. Jungmann a déjà pu faire remarquer qu'à cette époque Rome ne prenait des décisions sur la liturgie que sur demande et que ces décisions étaient généralement aussi larges que possible[108]. Déjà à cette époque des années 150 à 200, avant le premier concile de Nicée (325), l'Église avait développé en ceci un système parfait de synodes épiscopaux et de conciles. Intéressante aussi est la trouvaille de Sieben que la structure et le mode de travail de ces synodes religieux régionaux étaient fort déterminés par le contexte socio-culturel des populations et des régions où ils se tenaient[109]. Or Vatican II connaît aussi le modèle de l'Église comme une *communio ecclesiarum* ce qui veut dire d'une église qui essentiellement vit et agit dans et par les églises locales. Il y a trente ans déjà J. Ratzinger écrivait que les églises locales n'étaient pas des unités administratives avec un lourd appareil mais constituées de cellules vivantes dont chacun compre-

---

106. H.J. POTTMEYER, *Regionale Teilkirchen und «Zwischeninstanzen» – ihre Wiederentdeckung und ihr ekklesiologischer Rang*, dans L. BERTSCH (éd.), *Was der Geist der Gemeinden sagt. Bausteine einer Ekklesiologie der Ortskirchen* (Theologie der Dritten Welt 15), Freiburg/Basel/Wien, 1991, 168-177. Voire aussi pour la suite BERTSCH (éd.) 218-238.

107. ALDAZÁBAL (1995) 106.

108. J.A. JUNGMANN, *Gewordene Liturgie. Studien und Durchblicke*, Innsbruck, 1941, 4-5; N. MITCHELL, *The Amen Corner*, dans *Worship* 69 (1995) 156 indique l'attitude du pape Grégoire envers l'inculturation et cela en rapport avec son ecclésiologie et sa vision collégiale sur la fonction épiscopale. Pour le pape Grégoire l'Église n'était ni plus ni moins que la *communio* tangible, visible et historique de toutes les églises. Pour Grégoire la *sancta universalis ecclesia* était la concrète multiplicité des églises locales, chacune regroupée dans la foi, autour de son évêque, réunie ensemble *in vinculo caritatis*. Grégoire refusait le titre d'*universalis papa*, car, écrivait-il, quand un évêque est universel, tout le reste est superflu (GRÉGOIRE I, *Lettre à Eusèbe de Thessalonique*, MGH Epistulae II, 158).

109. H.J. SIEBEN, *Die Konzilsidee der alten Kirche*, Paderborn, 1979, 384-510.

naît tout l'ensemble du vivant mystère de l'unique corps de l'Église[110]. Quand l'inculturation est au premier degré une affaire des Églises locales mêmes, il convient alors de prendre au sérieux le principe de subsidiarité[111]. Sous ce rapport la thèse récente de Leys est particulièrement intéressante, précisément aussi pour le droit liturgique[112]. Il plaide pour l'application du droit de subsidiarité dans le droit ecclésiastique. L'idée de base du principe de subsidiarité est que la personne humaine et les unités sociales plus petites ne doivent pas être dépourvues des possibilités et des moyens pour la réalisation de ce qu'elles sont elles-mêmes en état de réaliser. Des plus grandes assemblées doivent limiter leurs activités à des tâches qui dépassent la force et les capacités de plus petites unités. Les communautés plus importantes doivent respecter 'l'ordre hiérarchique' des différentes formes d'ensembles sociaux et aider ceux-ci, de sorte qu'ils soient mieux en état de réaliser eux-mêmes ce pour quoi ils sont aptes[113]. Ce principe est maintenant aussi d'importance pour les églises particulières dans leur relation avec l'église universelle. Et cette relation se doit d'être davantage juridiquement précisée que ne le fait le Code de 1983. Les compétences doivent être mieux départies. La position de l'église particulière comme église dans la pleine signification du mot et comme église incarnée et inculturée, séparément ou sur le plan de la conférence épiscopale, doit être renforcée[114]. Le caractère obligatoire de la subsidiarité devient particulièrement évident du fait de l'énoncé que l'église est un sacrement et précisément comme telle une réalité incarnée et inculturée[115]. Ce qui signifie d'une manière ou d'une autre qu'une réglementation liturgique plus flexible que dans l'instruction est nécessaire. Il devrait davantage être question de lois-cadres liturgiques[116]. Il faut se rendre compte que le processus d'inculturation se réalise à partir de la base. La paroisse est en cela l'unité de base du processus d'inculturation[117].

Meyer établit à mon avis d'une manière convaincante combien lors de

---

110. J. RATZINGER, *Pastoral implications of episcopal collegiality*, dans *The church and mankind* (Concilium Dogma, Vol. 1), New Yersey 1965, 44.

111. Voir implicitement H.B. MEYER, *Liturgietheologische Überlegungen zur Inkulturation – Ein Versuch*, dans E. VON SEVERUS, *Ecclesia Lacensis. Beiträge aus Anlass der Wiederbesiedlung der Abtei Maria Laach durch Benediktiner aus Beuron vor 100 Jahren am 25. November 1892 und der Gründung des Klosters durch Pfalzgraf Heinrich II. von Laach vor 900 Jahren 1093*, Münster, 1993, 516-528. A comparer la recension de B. KRANEMANN, *Aus der Vergangenheit in der Gegenwart für die Zukunft lernen. Eine Festschrift zum Doppeljubiläum der Abtei Maria Laach*, dans *Archiv für Liturgiewissenschaft* 35 (1993-1994) 369: «Meyer insistiert darauf, dass Inkulturation Aufgabe primär der Ortskirchen ist und von der Kirchenleitung nur (kritisch) unterstützt werden kann. Ohne dass dies hier unmittelbar angesprochen wird, ist für die (liturgische) Inkulturation Subsidiarität gefordert.»

112. A. LEYS, *Ecclesiological impacts of the principle of subsidiarity*, Kampen 1995.

113. *Ibid.*, 214.

114. *Ibid.*, 217-218.

115. *Ibid.*, 210.

116. G. LUKKEN, *De ontwikkeling van de liturgie sinds Vaticanum II*, dans *Liturgische Oriëntatie na Vaticanum II (= Supplement Liturgisch Woordenboek)*, Roermond, 1970, 21.

117. ARBUCKLE, partie II.

l'inculturation de la liturgie le processus de par la base est un droit chrétien fondamental[118]. Il indique à ce propos que la Constitution dans son article 14 fonde le droit et l'obligation de tous les fidèles à une participation active sur l'essence même de la liturgie et sur le sacrement de baptême. Ce droit fondamental basé sur le baptême est quand on le regarde de près le véritable et finalement le principe déterminant de la réforme liturgique et le critère des mesures réformatrices liturgiques, et non pas donc la *norma Patrum*, la respectable norme des Pères, signalée au no 50 et dans l'introduction générale du Missel romain à l'article 6. Cette *norma Patrum* est certes importante pour la sauvegarde de la tradition authentique, mais de la manière dont cette tradition doit être conduite plus loin et le chemin vers l'avenir parcouru, il doit être décidé à partir du principe de la participation réelle de la communauté. La nécessité de l'inculturation trouve là sa légitimation. Ce qui signifie que l'inculturation n'est pas seulement un processus permanent mais aussi un événement qui émane des églises locales et de leurs communautés et qui, à mon avis, dispose aussi de sa propre herméneutique. Le défi de l'inculturation liturgique est maintenant une fois pour toutes que finalement non pas seulement la pure théorie mais la pratique elle-même doivent indiquer le chemin. C'est la conséquence du donné antique que les rituels ne peuvent pas être inventés ou imposés mais naissent à la base et évoluent[119]. L'inculturation est donc un processus de croissance avec un caractère expérimental qui a tout affaire avec la vitalité et la spiritualité du peuple et ne peut être établi au préalable quant à son contenu. Amalorpavadass fait remarquer que l'inculturation est avant tout un life-style, et un 'way of living': il en va comment des hommes qui ont rencontré le Christ, acceptent son évangile et s'identifient avec sa cause[120]. L'encart théologique et également anthropologique resteront purement conceptuels et académiques s'ils ne proviennent pas tous deux d'une et s'enfoncent dans une profonde expérimentation spirituelle de par l'interaction entre évangile et culture. A l'approche anthropologique et théologique de l'inculturation il faut alors aussi y ajouter l'approche pratique spirituelle. Naturellement il est nécessaire de régler d'une manière formelle la pratique de l'inculturation. Le processus doit être examiné et accompagné des corrections nécessaires. Mais les réglementations ne peuvent pas frapper d'une manière trop restrictive comme c'est encore le cas actuellement. Durant les années écoulées l'inculturation ne s'est-elle pas trop souvent établie contre les règles, ordonnances et oppression?

118. MEYER (1991) 12-13.
119. LUKKEN, *Geen leven zonder rituelen*, 55-56.
120. AMALORPAVADASS, (Part 1), 40 et (Part 2), 128-132.

Conclusion

Pour conclure encore ce qui suit. Quand on traite de l'inculturation, il faut comprendre que celle-ci est déjà dans ce sens fort avancée, qu'il est ordinairement question de pasteurs déjà inculturés et de fidèles qui constituent un élément essentiel de la liturgie. La liturgie est donc d'une manière ou l'autre codéterminée par leur sentiment de la vie et leur intégration dans la culture contemporaine. Et cette culture a également déjà pénétré profondément dans l'architecture des églises et la disposition des lieux, dans les objets et ornements, dans la structure musicale et dans les attitudes corporelles et les gestes[121]. Dans un commentaire officiel de la quatrième instruction paru dans les Notitiae il est fait remarquer que généralement lors de l'inculturation il est question d'une ligne progressive et régulière qui va de la paramenterie liturgique, de l'espace liturgique, de la musique, des chants, des gestes, de la langue aux rites eux-mêmes et à ce propos avant tout aux rites du baptême, du mariage et des funérailles[122]. Mais en plus on ne peut oublier que le langage symbolique, les symboles et les actions symboliques constituent eux-mêmes le noyau de la liturgie et ne peuvent pas trop longtemps être négligés. S'il en est ainsi on ne peut, à mon avis, parler que d'acculturation. Finalement s'impose la question pénétrante de Jésus à ses disciples dans Matthieu 6, 13-15 «Qui dites-vous que je suis» qui nous est aussi adressée. Pour une réponse à cette question il n'est pas suffisant de répéter l'expression liturgique de la tradition. Les églises locales trouveront-elles à notre époque l'expression liturgique qui leur donneront une accès authentique au Seigneur comme le vivant au milieu d'eux? C'est finalement la question essentielle et la plus urgente de toute inculturation. Et en plus il faut se réaliser la portée de l'antique adage: 'ce qui n'est pas reçu, n'est pas vraiment sauvé d'une manière chrétienne'[123]. On pourrait aussi traduire ainsi: 'ce qui n'est pas inculturé, n'est pas sauvé d'une manière chrétienne'.

Arthur van Schendelpark 37   Gerard M. LUKKEN
5044 LG Tilburg
Pays-Bas

---

121. MEYER (1991) 22.

122. *«Commentarium»* 164.

123. AMBROSIUS, *Epistola* 48; ATHANASIUS, *Ad Epictitum* 7; BASILIUS, *Epistola* 261; CYRILLUS HIEROSOLYMARUM, *Catecheses* 4, 9; GREGORIUS NAZIANZENUS, *Epistola* 101 ad Cledonium.

QL 77 (1996) 40-51

INCULTURATION AND ROOT METAPHORS

"Here I stand, I can do no other. God help me." These famous words of Martin Luther are usually associated with the irrevocable breach which would finally result in the great division of the western Christian communion. But upon further reflection, Luther's words are potentially haunting and dangerous. They may disclose radical limits and finitudes which mark the human condition and all human societies.

If our personal and corporate lives are to have any meaning at all, we must find a place to stand. We must identify our here, our place. The constitutive bodiliness of our existence demands concrete space and particular time. In choosing or accepting our space and our time, we are forming alliances and bonds with those who stand with us and underscoring the differences and distance between us and those who stand elsewhere. In both our unity and desperateness, we necessarily affirm that human existence is also always a corporate social existence. Yet, here is not there. We are not them. Individual and corporate social identity seem to necessarily entail differentiation, distinction and some form of bi-polarity.

Our selection of place, and all it involves, exposes the limitedness and finitude of our personal-corporate life. Realities rich multiplicity resists and defies simple reduction. The meaning of this whole is somehow to be discovered only in its parts. Our only hope of grasping the whole is in the selection of a part. As Stephen Pepper noted some 50 years ago in 'World Hypothesis':

> A man desiring to understand the world looks about for some clue to its comprehension. He pitches upon some area of common-sense fact and tries to see if he cannot understand other areas in terms of this one. The original area then becomes his *basic analogy* or *root metaphor*.[1]

Victor Turner was one of the first anthropologists to recognize that a culture's epistomological efforts functioned in the same fashion as an individual's. Each and every culture embraces a root metaphor, a basic analog or fundamental paradigm which rules supreme as the fundamental clue and locus of cultural meaning. A culture's survival and its root metaphor's power to render positive meaning amid the ambiguity and finitude of concrete living existence are inextricably intertwined. Culture's survive because their meta-

---

1. Stephen Pepper, *World Hypothesis* (Berkeley: University of California Press, 1942) 38-39. Also cf. Max Black, *Models and Metaphors: Studies in Language and Philosophy* (Ithica: Cornell University Press, 1962); Victor Turner, *The Ritual Process* (Chicago: Aldine Publishing Co., 1969), *The Forest of Symbols* (Ithica: Cornell University Press, 1967), *Dramas, Fields and Metaphors* (Ithica: Cornell University Press, 1974). And from a linguistic hermeneutical perspective Paul Ricoeur, Creativity and language, in *Philosophy Today* 17 (1973) 97-112.

phors work. Metaphors work well in vibrant cultures.

The relationship between a culture and its root metaphor is one of universality through particularity. Every culture purports to be *the way* to navigate the terror of ambiguity and discover life's final and full meaning. Every culture makes universal claims to truth not only for those within its world, but also those outside its world. Yet, the metaphor which grounds and sustains this alleged universal world of meaning is itself, of necessity, particular. If we were merely concerned with examining a culture from within the tension between universality and particularity our task would be manageable. It would reflect the processual units of breach, crisis, redressive action and resolution outlined by Turner in the cultural interplay of structure--anti-structure. When, however, we examine cultures from without, the tension between universality and particularity can be overwhelming. The foreign and the alien not only seem incomprehensible but, more significantly, they are grasped as potentially serious threats to the behaviors, structures and power systems which we have been tacitly accepted not only as true for us (particularity), but as true for everyone (universality). This paper offers as a central thesis that it is precisely this tension of universality and particularity which constitutes the great challenge of inculturation. Our efforts to understand the deep challenge of inculturation, its scope and its stakes, will succeed when we can achieve a better understanding of the constitutive role of root metaphors in culture and how they are mediated in a cultures' ritual behavior. It should not be surprising that this anthropological claim bears a great resemblance to the ancient theological/liturgical principle: *lex orandi, lex credendi*. Over and over again, I have found that the instincts of the great classical theologians, especially Thomas Aquinas, have been correct. They simply lacked the development of the human sciences which could ground and provide warrants for their claims and expectations.

Unfortunately, it is my conviction that the various Christian communions have only just begun to appreciate the process and reality of inculturation, just as they have only begun to appreciate the relationship between liturgy and faith, sacraments and systematic theology. Therefore, it should be of no surprise that the great work of inculturating ritual has been painfully slow and arduous, if not misdirected.

The stakes are enormously high in the field of inculturation. Failure will not be ignored nor forgiven. Without an inculturated metaphor, Christianity can not and will not long survive. While it deeply disturbs me that Catholic Africans and Asians, South Americans, Blacks and American Indians have yet to enjoy the freedom of expressing their faith in a ritual, in a liturgy of their people and their culture. As a Catholic living in western culture, I tremble that the liturgy does not touch the vast majority of our brothers and sisters. Yes, it is easy to blame people's laziness, weak faith, egocentrism and countless other faults. Surely, our sinfulness is partially the cause of our blindness and hard heartedness. Yet, I am convinced that the church has not penetrated deeply enough into the forces and unconscious presuppositions of our post-enlightenment world so that it might adequately understand what inculturation might mean in the contemporary western world, a world which is today as missionary and in need of, if not more in need of, an inculturated Christianity. How paradoxical it is, that the west, the very culture born of Christianity should become so estranged and alienated from its roots. How are we to begin this process and alter this situation? I would propose that the first step in true inculturation is a risk of exposure. Inculturation initially demands vulnerability, a vulnerability which comes from placing oneself in a conversation as an active non-judgmental listener/observer. Who are the hearers of the word? What are the root metaphors which explain their lives? How do their rituals mediate this meaning system? These questions may seem pedantic or simplistic. In fact, they are! But we unconsciously grasp that they are dangerous and profound questions. The answers we find in our attentive listening may call into question our universal claims and convictions and cause us to revise our own horizons and paradigms. Perhaps the risk of inculturation is so great that it is best approached not from the familiar (theology) but from the strange and foreign (economics).

A Lesson from Economics

There are times when it is important for theologians and liturgists to take leave from their familiar theological and liturgical worlds. While on an adventure, they can frequently experience new worlds which have the potential of transforming their old familiar worlds. They might even realize that theology and liturgy do not necessarily exhaust either all the questions people ask or all the answers given. In order to more clearly grasp the challenge and dynamics of inculturation, I invite you to vacation in the world of economics. Let us turn to the marvelous text of James Fallows, 'Looking at the Sun: The Rise of the New East Asian Economic and Political Systems'.[2]

Fallows recognizes the great hurdle of prejudice to be overcome in making an honest attempt at understanding the operations of a different culture. He writes:

> It is difficult to look at the sun, so we turn away, view it obliquely, look at the shadows it casts. It has been difficult for westerners, especially Americans, to think directly about the economic power that has spread to the rest of Asia from Japan. The countries are far away, the languages are hard. Most outsiders turn away, view the situation obliquely, judge it by the shadows it casts in our world.[3]

Unfortunately, this turning aside and fear of honest examination creates the misunderstanding and confusion which characterizes the relationship between the west and the rest of the world. Fallows affirms:

> ... the Western's world's reluctance to look at the Asian model directly, in all its

2. James Fallows, *Looking at the Sun: The Rise of the New East Asian Economic and Political Systems* (New York: Pantheon Books, 1994).

3. *Ibid.*, 19.

brilliance and its heat, is the main source of friction between Japan, plus those neighbors in Asia that it increasingly dominates, and the rest of the world. There is nothing inherently dangerous in the new social and economic models being developed in Asia. There is great danger in failing to see them for what they are.[4]

In looking directly at the sun, we might go blind. But looking only at the shadows can lead to confusion, misunderstanding and erroneous judgements. The shadows suggest safety, but only the sun will bring enlightenment. The sun sheds light not only on the principles and convictions of contemporary Asian societies, but also on our western presuppositions and convictions which control and limit our horizon and comprehensive abilities. By looking at the sun, westerners can understand that the contemporary Asian model of economics which effects politics, culture, and individual-corporate dignity and worth does not share the west's understanding of individual freedoms, human rights, fair trade, consumer welfare, and governmental economic neutrality which have dominated the western world's mentality since the age of Rousseau and Locke. Asia correctly sees the west as mired in a false freedom of promiscuity and permissiveness. In reaction, Japan and its Asian allies have built a economic/ political order grounded in a sense of moral and social duty, the dignity of work and business as 'international' warfare.

Fallows correctly notes that the west's failure to understand Asia is not the result of illogical thinking or erroneous analysis. Rather is a failure of models and paradigms, in short, a failure to inculturate. Fallows argues

> that Western societies, especially America, have been using the wrong mental tools to classify, shape, and understand the information about Asia. They try to fit the facts into familiar patterns and categories--and then are hurt and frustrated when predictions derived from these patters don't come true.[5]

The West, and America in particular, suffers from the illusion of cultural imperialism which fuels what I maintain is the fundamental tension within inculturation i.e., universality and particularity.

American and Western Presuppositions

Americans tend to view the world as a vast extension of their own culture. They are infected with a cultural narcissism. They presume that everyone would be an American if they had the opportunity. Consequently, they view and interpret all foreign situations in terms of their own experience. For example, the student protests in China were viewed as parallels to the American civil rights and anti-war protests of the sixties. The building of Pizza Hut restaurants in Moscow, Paris and Leuven are interpreted as the gradual embracing and acceptance of American culture. Unfortunately, this naive

4. *Ibid.*
5. *Ibid.*, 5.

instinct can prove quite dangerous. It can produce what Lonergan has called a cultural scotosis or blind spot.[6] For example, America's anti-communist phobia, prevented it from understanding the nationalists desires in Ho Chi Minh's battle with the French. Likewise, American's were blind to the corruption of the pro-American, nation builders like Marcos in the Philippines or the Shah of Iran. Some brilliant illustrators of bibles and prayer books in the 11th and 12th centuries intuitively grasped the cause of our soctosis or blind spot and they imaginatively expressed their insight by drawing the serpent coiled around the tree of knowledge with the human face of Adam or the face of Eve. What we think exists in our own image can be so enticing and attractive that we can be blind about its true identity. Similarly, a culture can become so enamored with those aspects of another culture which bear its resemblance, that perspective is lost and powers of critical analysis paralyzed.

Key Western Assumptions

What exactly are the assumptions which American culture and, in many ways all western culture, make which create their mental tools of interpretation and understanding? First, there is the conviction that 'progress' will harmonize societies and neutralize differences. Second, as nations gain scientific knowledge and commercial strength and financial wealth, they will more and more resemble the culture of the west which was born from these gains. Third, individual rights will grown with social success, advances in knowledge and acquisition of wealth. Fourth, superstition and religion will decline and be replaced by a scientific rational meaning system. Fifth, cultural barriers will eventually vanish and there will be one culture, the culture of the west. Two Australian diplomates testified to this view in 1989 in 'The Confucian Renaissance' when they wrote

> The fact is that most western opinion still assumes the continuing predominance of a European moral order throughout the late twentieth century global village... [The] world view [of western leaders and academics], their political stance, and the essence of their personal confidence are still based on their assumption of a European moral order which "shows the way" to other cultures.[7]

If the above five convictions of western culture are accurately portrayed, what has given rise to them? How is it possible that the West could have

6. Cf. Bernard Lonergan, *Insight: A Study of Human Understanding* (New York: Philosophical Library, 1970, 3rd ed.) 191-203. On the unconscious elements of culture cf. T. Shanin, Models and thought, in *Rules of the game* (London: Tavistock, 1972) 1-22. T. Kuhn, *The Structures of Scientific Revolution* (Chicago: University of Chicago Press, 1972). Both Newman and Ortega y Gasset recognized the unconscious principles and beliefs controlling culture.

7. R. Little and W. Reed, *The Confucian Renaissance* (Sydney: The Federation Press, 1989) 25-26.

arrived at these expectations? I would propose that three powerful unconscious presuppositions underpin the fundamental western mentality and interpretive horizon.

First, western culture is rooted in a conversion syndrome or a missionary principle. This unconscious presupposition holds that all people, at least potentially, should be brought to the Christian God. This presupposition rests on two additional unquestioned beliefs: change and elevation. The west believes that other cultures can in fact undergo fundamental alteration or mutation. Moreover, a successful westernization of a culture by mutation and transformation will be an elevating and ennobling. An acceptance of western values is a true advance.

Second, the west assumes superiority over other cultures. Fortunately, this assumption has been liberated from its genetic and racists strains. Nonetheless, the west might 'tolerate', 'respect', 'appreciate' and even dabble in the unique components of non-western culture. But, the west never really takes seriously that it can learn from these cultures in the sense that they might offer something new which is an improvement. It is *unthinkable* to the western mind, that a non-western culture may have actually discovered a better way of sustaining human social life by encouraging its specific human behaviors and cultural activities. The west's dominance in science, technology and wealth since the time of the renaissance has simply frozen its imagination into thinking that this is the way it must always be – even when reality says it isn't so.

Third, the west assumes that science can explain the world and people. Without doubt, science has provided us with a better understanding of our natural world. However, the extension of quantitative analysis to human behavior have been quite misleading. Surely, a small non-technological nation like Vietnam could not win a war against a super power. Surely, the destroyed economies of Asia could not have achieved their present strength according to the standard economic theories, formulas and 'objective' models which dominate the west. Science may be the predominating western myth which fuels the underlying imperialistic, egocentric and domineering thrust of western culture.

Casting off the Enlightenment

The above convictions which shape the horizon of American and Western culture were born in the Enlightenment. Classical culture presumed that God was the beginning and end of all things. It built great cathedrals of prayer reaching into the sky which were arks of refuge and safety in the tumult tossed seas of life. The enlightenment replaced God with man. The human was proclaimed as the center of the universe, heralded as the center of meaning. 'Superstitious' dependence on the divine was replaced by the more scientific principle of self-sufficiency. Resting in God as the final end of human existence was replace by the more autonomous goal of human self finality. Human beings would determine the meaning and goal of their existence, a meaning and goal marked by a compelling rationality.

The industrial revolution and scientific revolutions of the 19th century appeared to legitimize the enlightenment's principles. On first glance, the over all human condition seemed to improve. There were increased educational opportunities, increased wealth, and expanded opportunities. However, closer investigation would show that the enlightenment and industrial revolution created a new world order, with a meaning system and root metaphor which in many ways was antithetical to Christianity. The amassing of personal, individual wealth became the standard for a successful life. Self-sufficiency and self-finality quickly disintegrated into egocentric self-interest. Reason itself became distorted. It was now not the action of a whole moral person but the disinterested application of logical rules and principles. Moral duty was detached from truth.

The contemporary heirs of the 'masters of suspicion' (Nietzsche, Marx and Freud) variously known as 'literary theorists' or 'deconstructionists' and associated with Derrida and Lacan are the final legacy of the enlightenment's exaltation of the individual over the community, of reason over emotion and science over religion. They are reigning over the sunset of the enlightenment. In their view, there can be no truth or good. Reality and life are so subjective that any search for meaning is a form of intellectual autoeroticism. If they remain faithful to their enterprise they will realize that in the end, deconstruction will require deconstruction. The 'I' must be called into question. There will be no 'I' to think and therefore no possible existence. Life will be a game which vacillates between folly and anarchy. While deconstruction appears dead in Europe, it is well, alive and strengthening in the American academies, an strengthening at American Catholic universities.

If Victor Turner was correct in understanding ritual as the central vehicle through which a culture mediated its root metaphor to the various experiences of life, one should be able to test the thesis by examining and comparing the rituals of the classical world and the Enlightenment/post modern world. The ritual's of the classical western world are familiar. They were the sacramental celebrations of the church as well as pilgrimages and religious festivals of the streets (for example the 'Bloedprocessie' of Brugge). What were the ritual's of the enlightenment and deconstruction? I would propose that the enlightenment rituals were the meetings, strikes and protest of labor against owners, the festivals of national independence and identity, the festivals celebrating wealth, accomplishment, and power e.g., the May day parades of the former USSR and the celebrations of newness, opportunity e.g., New Years, and tomorrow. Deconstructionist rituals are more difficult to identify. In fact, they take the form of an anti-ritual and/or rituals of protest. They are represented in the gays and lesbians petitioning for recognition in the St. Patrick's day parade in New York. They are exemplified in the escorts assisting women seeking abortions to safely pass by the pro-life protesters. They are made real in the rituals of drug addition, sexual promiscuity and terrorism. What do these rituals mediate? They make vivid emptiness, fury, despair and meaninglessness. These rituals celebrate the Dionysian principles of chaos and disarray.

A New Emerging World View

In their recent text, 'Creating a New Civilization: The Politics of the Third Wave', Alvin and Heidi Toffler try to identify the fundamental presuppositions and convictions which serve as the infrastructure to the "new civilization in the making", the civilization of the third wave. They claim that:

> Humanity faces a quantum leap forward. It faces the deepest social upheaval and creative restructuring of all time. Without clearly recognizing it, we are engaged in building a remarkable new civilization from the ground up.[8]

The first wave, the agrarian revolution took 1,000 years to complete and created a civilization of the hoe.

> First wave civilization was and still is inescapably attached to the land. Whatever local form it takes, whatever language its people speak, whatever its religion or belief system, it is a product of the agricultural revolution.[9]

The second wave, the industrial revolution took only 300 years to complete and created the civilization of the assembly line. Fueled by science, inventions, development of the nation state and the appearance of factory production, an altered civilization appeared.

> ...many different elements came together to form a system: mass production, mass consumption, mass education, mass media all linked together and served by specialized institutions--schools, corporations, and political parties.[10]

Serious conflict between first wave agrarian nations and second wave industrial nations was inevitable. As industrial civilization strengthened and conquered first wave peoples, colonialization was inevitable. Raw materials and markets were needed by the industrial world. Likewise, industrial nations were pitted against each other in order to secure global dominance while preserving the servitude of first wave agrarian civilizations.

Third wave civilization, symbolized by the computer, may well spread across the globe within a generation or some thirty years. Third wave civilization de-massifies society and replaces capitol with knowledge. Diversity, efficiency, decentralization and knowledge as a hidden wealth drive the Third Wave economies and will shape its new emerging political order. The Tofflers correctly prognosticate that the division of the world into the industrialized nations and the first wave subordinate nations will yield to a trisected world.

> In this trisected world the First Wave supplies agricultural and mineral resources, the Second Wave sector provides cheap labor and does the mass production, and

---

8. Alvin and Heidi Tofler, *Creating a New Civilization: the Politics of the Third Wave* (Atlanta: Turner Publishing, 1994), 19.

9. *Ibid.*, 28.

10. *Ibid.*

a rapidly expanding Third Wave rises to dominance based on the new ways in which it creates and exploits knowledge.
Third Wave nations sell information and innovation, management, culture and pop culture, advanced technology, software, education, training, medical care and financial and other services to the world.[11]

I find it quite remarkable, that the only mention of religion in the Toffler text is a negative link with the agrarian landowners of the First Wave. There is no mention of ritual having any role of function in the social order. There is no mention of feeling or emotion. Therefore, while I think it is important to attend to the trajectories and hypotheses sketched for the Third Wave by the Tofflers, their text cannot be uncritically accepted. In my judgement it suffers from certain unconscious conviction lingering from the enlightenment, specifically a narrow and false individualism and a rationalism which allows no room for intuition and emotion. Moreover, the Tofflers have failed to grasp that the dawning age will rediscover the fundamental communal character of human existence. The children of the 60's and 70's, born in the age of Aquarius, will soon gain positions of leadership in the political, social and religious institutions of society. Surely, they will remember the songs of their youth and their themes of unity, solidarity, community, peace and love.

Nonetheless it is critical to heed their claim that a new world order with new unconscious presuppositions is in the making. If their assessment that Third Wave civilization will solidify at an accelerated place--even within one generation--and that wealth in this new world will be knowledge based, then the whole question of inculturation will be dramatically changed. The very culture's we labor to understand and comprehend will not long withstand the wave of transformation and change. This is especially true if knowledge becomes the measure of wealth replacing material, production facilities and capitol. Agrarian cultures will need not endure the hardship and expense of industrialization. Rather they can move into the new era through participation in the knowledge revolution. A computer terminal, phone line and access to World Wide Web have potentially placed the universe of information and knowledge within any persons grasp.

The Church and Inculturation

It is now time to redirect our attention from our socio-economic, political focus to a more specifically theological consciousness. Hopefully, we are more conscious of both the complexity of our world and its cultures and more sensitive to the unconscious presuppositions and convictions which can surreptitiously control our thought. Without this consciousness and sensitivity, the great responsibility of inculturating the gospel throughout the world will surely be inadequately undertaken and fulfilled.

11. *Ibid.*, 31.

While the process of inculturation has been unfolding in Christianity from the time of its origins, and in an intense form during the Patristic Age, the term itself is of rather recent vintage. It is surprisingly absent from the discussions and texts of the Second Vatican Council and makes its theological appearance during the 1970's. Before this time, one finds the terms adaptation, translation, contextualization or indigenization employed to describe the proclamation of the gospel in non-western cultural contexts. It is also interesting to realize that little consideration was given to the West both as missionary territory and as a culture in the process of transformation.

It was only in the 1980's that the term inculturation and its meaning acquired widespread theological acceptance. In 1990, this understanding found authorative approbation by inclusion in Pope John Paul II's encyclical 'Redemptoris Missio' were he described the dynamic of inculturation. He wrote:

> Through inculturation the church makes the gospel incarnate in different cultures and at the same time introduces people, together with their cultures, into her own community. She transmits to them her own values, at the same time taking the good elements that already exists in them and renewing them from within.(52)

Earlier in his papacy, John Paul II had expressed his dismay that the process of inculturation was not more advanced among the African peoples. He remarked to the Bishops of Zaire in 1983:

> How is it that a faith which has truly matured, is deep and firm, does not succeed in expressing itself in a language, in a catechesis, in theological reflection, in prayer, in the liturgy, in art, in the institutions which are truly related to the Africa soul of you compatriots?[12]

Clearly, it is one thing to describe inculturation, even to express dismay at its slow pace, and quite another thing to actively encourage and be engaged in its dynamic. The work of the church in inculturation is in its infancy. Catholicism, in my judgement, has only begun to understand the dynamics of inculturation and the great challenge it proposes.

One might wonder how this state of affairs is possible or if my assessment of the current situation is correct? Allow me two examples which might better indicate why my evaluation is less than enthusiastic. First, if the western church is incapable of grasping and responding to the deep cultural transformations within its own horizon, why should it be more successful in understanding cultures outside its history and living experience? Surely, theologians should never presume that they are the arbiters of church struc-

---

12. On the issues of inculturation cf. John Paul II, Redemptoris Missio, in *AAS* 79 (1987). G. Arbuckle, Inculturation Not Adaptation: Time to change Terminology, in *Worship* 60 (1986) 511-520. J. Buswell, 'Contextualization: Theory, Tradition and Method', in *Theology and Mission* (Grand Rapids: Baker Book House, 1978). A. Crollius, 'Inculturation and the Meaning of Culture', *Gregorianum* 61/2 (1980). And from a more ecumenical perspective: K. Blaser, 'Kontextuelle Theologie als ökumenisches Problem', *Theologische Zeitschrift* 36/4 (1980).

ture and polity. This is clearly the domain of the bishops. Nonetheless, concrete ecclesial life must make some theological sense. When a polity does not make sense to a wide array of theologians and the community, as in the prohibition against the ordination of women, it is shear folly in our present culture to decree a ban on thought and discussion. What possible world would such a proclamation make sense in? Surely, it will not make sense in Western culture of the 21st century. Second, why does a church committed to inculturation continue to present its deepest beliefs and convictions in the cultural thought patterns, philosophical systems and language of a culture and world which no longer exists? Perhaps the teaching of the church must undergo the same liberation from cultural captivity as was need by the gospel.

It seems to me incorrect to think that inculturation has been tried and failed. No, I am suggesting that it has not been tried. The encyclical 'Veritatis Splendor' can serve as an example. I have yet to find one serious theologian who represents this text as illogical or erroneous. What one does find in the theological community are voices of utter frustration who wonder about the audience for the encyclical and why could the church not express its convictions about truth, virtue and morality in the thought patterns and language which contemporary women and men understand.

To succeed in the imperative of inculturating the gospel, the church must be willing both to examine its own presuppositions and unconscious convictions as well as undertaking an authentic examination of the root metaphors and the rituals which mediate them as found in other cultures. Non western cultures will always be alien to the western mentality. However, what is alien is not necessarily wrong. Perhaps the alien is just different. This effort will not be without risk, especially in the arena of ritual. Ritual expresses meaning. Ritual makes sense out of ambiguity. Whoever controls a peoples' ritual possesses enormous power in society.

In the early part of this presentation, I suggested that the tension between universality and particularity is the central issue of inculturation. Furthermore, I claimed that we unconsciously assume a place to stand in order to interpret experience. In view of these two principles I would propose the following as initiatives by which Catholicism might actively inculturate the gospel.

First, the church must listen to the story of the people in a culture. In actively listening, it may come to understand how the world is experienced, what are the central metaphors and which rituals mediate this culture's meaning. Second, the church must have the people of the culture identify what of the gospel is already present and at work in their world. The proclamation of the word can not be separated from the hearers of the word. Third, the church must put on the mind of the indigenous people in an attempt to evaluate the compatibility or the differentness between the indigenous beliefs and convictions and the gospel. Fourth, the church must allow the people of a culture to create the rituals through which it can express the gospel it has discovered as its own, with the realization that its local expression participates in a universal communion. Fifth, the church must resist using ritual as an element of control or authoritarianism. Christian ritual should never become a barrier to the encounter with the triune God. Sixth, the church must be committed to inculturation as a continuing process of its life. This process will never end as long as there are cultures which are themselves in continuous flux and transformation.

I have no doubt that the inculturation of the Christian gospel can become real in the many different cultures of the world. In this noble effort, ever deeper and significant insights and penetration into the gospel will occur not only for the particular culture but for all cultures. We must chose a place to stand. We can choose a place which is open, listening, and liberating. The Christian root metaphor of Christ's death and resurrection compels us to embrace the task of inculturation and labor for its realization.

Duquesne University   G.S. WORGUL jr.
Pittsburgh PA 15282
U.S.A.

QL 77 (1996) 52-76

THÉOLOGIE PROGRESSISTE ET INCULTURATION DE LA LITURGIE

Tirs devant la proue

Il va de soi que la problématique de l'inculturation constitue le terrain sur lequel responsables pastoraux et théologiens seront davantage enclins à demander conseil à l'anthropologue. Aussi bien parce que 'inculturation' renvoie directement à 'culture'[1], l'objet d'étude spécifique de l'anthropologue, que par le fait qu'elle est considérée comme un des plus grands défis devant lesquels l'Église et la théologie se trouvent actuellement placées[2]. Il ne manque nullement de définitions de l'inculturation, ni de discussions sur ces définitions[3]. Ce n'est ici ni le lieu ni le moment se s'y engager. Pour notre propos il suffit de mettre en avant un élément que toutes les définitions ou paraphrases paraissent avoir en commun. Il en va notamment toujours, de l'une ou l'autre manière, de la tension qui résulte de la double nécessité à laquelle est soumise une religion missionnaire: le devoir de se répandre à travers le monde entier et, par conséquent, de composer avec le fait irréfutable de la diversité culturelle, d'une part, et celui de demeurer rivée à un noyau essentiel et permanent qui constitue sa raison d'être et le motif même de son mouvement d'expansion universelle, d'autre part. Si le terme est de date relativement récente[4], le phénomène lui-même se révèle aussi ancien

---

1. J. SCHEUER, *A propos de l'inculturation*, dans *Telema* (1985) 2, 21: «Dire 'inculturation', c'est parler de 'culture'».

2. Pour une sélection de déclarations significatives du magistère de l'Église et des théologiens en ce sens, voir V. NECKEBROUCK, *La Tierce Église devant le problème de la culture*, Immensee, 1987, 10; 129-132.

3. Aussi récent qu'il soit, le terme et sa signification ont déjà une histoire. Pour quelques données schématiques sur ce sujet, voir A. ROEST CROLLIUS, *What Is So New About Inculturation?*, dans *Gregorianum* (1978) 19; R. JOLY, *Inculturation et vie de foi*, dans *Spiritus* (1985).

4. On admet en général qu'il a été utilisé pour la première fois par P. CHARLES, *Missiologie et acculturation*, dans *Nouvelle Revue Théologique*, 1953, 19. Le missiologue belge – souvent présenté comme français – n'utilise cependant pas le mot dans le sens qui lui est donné aujourd'hui, mais comme synonyme d'enculturation, un terme anthropologique qui indique le processus de socialisation dans les sociétés humaines. Pour la plus ancienne mention du terme dans la signification actuelle on renvoie à J. MASSON, *L'Église ouverte sur le monde*, dans *Nouvelle Revue Théologique*, 1962, p. 1038. (voir, p. ex., H. ROEST CROLLIUS, *a.c.*, 722.) Sans avoir effectué des recherches à ce sujet, je suis néanmoins à même de dire que le mot dans le sens en question était en usage au moins trois ans plus tôt: R.P. SEGURA, *L'initiation, valeur permanente en vue de l'inculturation*, dans J. MASSON (ed.), *Mission et cultures non-chrétiennes*, Bruges, 1959; A. SOHIER, *Inculturation dans le monde chinois*, dans *Ibidem*. D'après Y. CONGAR, *Christianisme comme foi et comme culture*, dans *Evangelizzazione e Culture. Atti del Congresso Internazionale Scientifico di Missiologia (Roma 1975), Vol. 1*, Rome, 1976, 100,

que le christianisme[5]. En effet, l'annonce, la réception et l'expérience vécue d'un message ne se situent pas dans un vide culturel. Elles sont portées par des êtres humains dont l'intelligence, la volonté, la sensibilité et la pratique sont façonnées et mues par des conceptions, représentations, valeurs, attitudes, aspirations, mythes et symboles légués par une culture déterminée.

Il est impossible de décrire ici dans toutes ses dimensions un phénomène aussi complexe que l'inculturation, même pas en nous limitant délibérément aux aspects anthropologiques de la question. Lors de la compilation du matériel qui se prêtait à figurer dans cette contribution, le plus sûr m'a paru de ne pas m'aventurer au delà de la présentation d'une série de réflexions au hasard, de quelques gloses ou notes marginales. Au fait de ne trouver que peu ou rien de systématique dans une succession d'annotations libres non ordonnées, le lecteur n'aurait qu'à se résigner. A regarder de plus près, il apparût néanmoins qu'un certain fil conducteur n'est pas entièrement absent de l'ensemble des données sélectionnées. Il me semble notamment que la prise en considération conséquente des faits et des données qui à l'anthropologue[6] paraissent pertinentes pour la discussion, le conduit constamment au delà des oppositions qui, à ce niveau comme à d'autres, se rencontrent chez les théologiens contemporains et que l'on caractérise généralement par les termes de conservatisme et de progressisme[7]. Il convient d'ailleurs de se rendre compte que, en ce qui concerne notre sujet, le contenu que recouvrent ces termes, s'est radicalement modifié au cours des dernières décennies. Jusqu'à environ le début des années 60 l'attribut progressiste s'appliquait aux chrétiens du Tiers-Monde qui s'efforçaient d'effacer de leur mémoire jusqu'au souvenir de leur propre culture, embrassaient à cœur joie la civilisation européenne et s'adonnaient avec enthousiasme à l'occidentalisation de leur peuple. Comme conservateurs étaient considérés ceux qui s'engageaient dans la voie opposée et résistaient à l'européanisation croissante, s'efforçant de conserver autant que possible l'héritage traditionnel afin de préserver leur propre identité culturelle. Au cours des années 60 la marée change. Conserva-

---

le terme est apparu au Japon comme une variante d'acculturation. Toutefois, l'auteur omet doute référence à des sources japonaises.

5. JEAN-PAUL II, *Address to the Members of the Pontifical Biblical Commission (26-4-1979)*, dans A. ROEST CROLLIUS (ed.), *Bible and Inculturation*, Rome, 1983, xi: «The term 'acculturation' or 'inculturation' may well be a neologism, but it expresses very well one of the elements of the great mystery of the incarnation».

6. L'expression 'l'anthropologue' que j'utiliserai à plusieurs reprises, ne désigne personne d'autre que moi-même. En effet, je ne puis garantir que les points de vue exposés ci sont partagés par tous les anthropologues. Pour certaines positions ce n'est certainement pas le cas. Une fois, je ferai mention en note d'une pareille divergence.

7. En effet, pas plus que dans tant d'autres domaines, les déclarations du second concile du Vatican II sur l'attitude de l'Église envers les cultures ne sont parvenues à calmer les controverses des théologiens. Plus particulièrement en rapport avec l'inculturation dans le domaine de la liturgie, G. LUKKEN, *Inculturation et avenir de la liturgie*, dans *Questions Liturgiques/Studies in Liturgy*, 1994, p. 118, écrit: «En Europe occidentale, une forte polarisation s'est manifestée entre défenseurs et adversaires de l'inculturation». La situation dans d'autres continents n'est pas essentiellement différente.

teur est désormais le chrétien qui ne voit aucun salut dans le maintien ou la restauration du patrimoine traditionnel et continue à retirer son pain théologique des fours occidentaux, alors que progressisme est associé aux idées de résistance à ce qui est appelé l'impérialisme théologique des Églises euro-américaines et de lutte pour la réhabilitation de la culture traditionnelle[8]. Ce qui signifie que le chrétien africain qui lutte, par exemple, pour l'intégration du culte des ancêtres dans la pratique liturgique de l'Église, sera taxé de conservatisme ou de progressisme selon que lui sont appliquées les normes en usage à l'époque coloniale ou celles prévalant aujourd'hui. D'emblée nous touchons à un aspect crucial de la question. Les critères changeants sur la base desquels quelqu'un est classé parmi les progressistes ou les conservateurs n'ont pas été proclamés de la hauteur de Sirius. Ils proviennent de la cuisine de la théologie occidentale qui prépare elle-même ses recettes et les récrit sous l'influence de développements sociaux et idéologiques plus larges à l'intérieur de sa propre culture. De plus, dans la littérature théologique moderne, les dénominations progressiste et conservateur ne sont pas utilisées comme des étiquettes neutres ou sans connotation discriminatoire. Dans la théologie qui se raccorde au climat idéologique qui domine dans le monde occidental actuel, la première dénomination possède manifestement une résonance positive, tandis que la seconde véhicule une connotation clairement négative. Dans le courant alternatif, beaucoup moins populaire en ce moment, l'évaluation exactement opposée est effectuée. Pas plus que les normes selon lesquelles d'aucuns sont enregistrés comme progressistes et d'autres comme conservateurs, les critères qui sont utilisés pour porter un jugement de valeur sur ces dénominations ne sont inscrits dans les étoiles. Ils trouvent leur origine et leur sol nourricier dans les orthodoxies idéologiques successives ou coexistantes de la civilisation occidentale[9].

Le fait que la loyauté de l'anthropologue se situe ailleurs que du côté de l'une ou l'autre tendance théologique ou d'une culture occidentale dont ces tendances reflètent les limites, les fluctuations et les contradictions internes, constitue la source principale de la fécondité de l'intervention anthropologi-

---

8. Je décris des tendances générales. Les exceptions ne font que confirmer la règle. Le retournement ici rapidement décrit se situe dans le cadre plus large d'une vision changeante de relations politiques, économiques, sociales et culturelles équitables entre l'Occident et le reste du monde. Voir J. POIRIER, *Aliénation culturelle et hétéroculture*, dans G. MICHAUD (ed.), *Identités culturelles et relations inter-culturelles*, Bruxelles-Paris, 1978, 47.

9. L'origine occidentale des catégories et des critères utilisés a pour conséquence que certaines données et situations dans la chrétienté non-occidentale ne s'y laissent pas ou difficilement inclure. Cela se manifeste, entre autre, dans le fait que des clercs occidentaux, bien qu'appartenant à la même tendance théologique, se prononcent néanmoins en sens divers sur un même phénomène de l'Église du Tiers-Monde. Ainsi, M. SCHOFFELEERS, *Christ as the Medecine-Man and the Medecine-Man as Christ. A Tentative History of African Christological Thought*, dans *Man and Life* (1982) 22-23, interprète-t-il le modèle africain originel du ministère sacerdotal vécu par Mgr. Milingo comme un heureux exemple d'une inculturation réussie et orientée vers l'avenir, tandis que A. SHORTER, *Jesus and the Witchdoctor. An Approach to Healing and Wholeness*, Londres, 1985, 190, rabat les vues de l'ancien archevêque de Lusaka comme des échantillons typiques d'une démonologie fondamentaliste qui s'apparente davantage au *Malleus Maleficarum* européen du quinzième siècle qu'aux cosmologies africaines.

que[10] pour la réflexion au sujet de l'inculturation et de sa pratique. Comme sa formation spécifique et son expérience, mieux que celles de quiconque, lui ont appris à s'arracher dans une certaine mesure aux étreintes de ces entraves, l'anthropologue envisage avec plus de recul l'ensemble du champ et il peut se permettre de tirer quelques salves devant la proue[11]. Comme on le sait, de tels coups n'ont nullement l'intention de provoquer de réelles avaries à qui que ce soit. Ce sont des signaux d'avertissement, des signes invitant les navires à se méfier d'imprudences et à faire marche arrière. Mon intention initiale était d'en décharger autant dans la direction des navires porte-étendard conservateurs que progressistes, alors qu'avec d'autres je viserais tous les deux. Sachant que l'inflexible père Chronos a mis le holà à la durée de mon exercice de tir, je suis contraint de conserver la poudre destinée à la proue conservatrice pour une autre occasion. Même pour donner la pleine charge à la proue progressiste le temps me fait défaut. Il est à espérer qu'un ou deux coups de plein fouet suffiront pour donner le ton sur lequel un commentaire anthropologique plus complet au sujet de la pratique actuelle de l'inculturation pourrait être entrepris.

Diagnostics divergents

Il est frappant de constater que théologiens et anthropologues contemporains fournissent en général des analyses opposées de la situation culturelle des communautés chrétiennes non occidentales. En particulier au sujet du niveau que l'inculturation y a acquis ou non, on perçoit une vision très différente à mesure que l'on promène sa lanterne chez les uns ou chez les autres. Le discours du théologien est d'une manière prépondérante négatif, chagrin, accusateur, vindicatif, plein de ressentiment. Cela vaut aussi bien pour l'argumentation du théologien conservateur que pour celle du progressiste, bien que, de toute évidence, les deux présentent pour leur dolorisme, des raisons différentes. Comme nous l'avons déjà dit, nous voulons nous occuper ici uniquement du dernier nommé.

Le théologien progressiste n'observe partout dans le Tiers-Monde qu'une copie, détestable à ses yeux, du christianisme occidental. Selon lui, une seule manière d'être-chrétien a été exportée vers tous les coins du monde et imposée aux populations qui y vivent. Le christianisme, avec tout ce qu'il comportait, a été transplanté de l'Europe ou de l'Amérique du Nord vers l'Afrique,

---

10. On parle d'*intervention* en anthropologie quand la connaissance de cette discipline est utilisée pour résoudre un problème ou pour répondre aux besoins d'une communauté. Voir M.A. TREMBLAY, *Interventions de l'anthropologie*, dans P. BONTE-M. IZARD (eds.), *Dictionnaire de l'ethnologie et de l'anthropologie*, Paris, 1991, 385-386.

11. G. LECLERC, *Anthropologie et colonialisme. Essai sur l'histoire de l'africanisme*, Paris, 1972, 95: «L'anthropologue est privilégié. En tant qu'il est détenteur d'un savoir, en tant que parmi tous les autres 'administrateurs' et 'spécialistes', il est le seul à connaître toutes les dimensions (sinon toutes les données) du problème (non seulement le côté européen, mais le côté 'indigène'), il exige que son savoir soit reconnu dans ses potentialités pratiques».

l'Asie, l'Amérique latine ou l'Océanie, de la même manière que des riches américains transportent pierre par pierre des châteaux médiévaux pour les faire rutiler de toute leur splendeur originale gauloise ou germanique sur les rives du Potomac. Liturgie, théologie, spiritualité, institutions, structures et discipline ecclésiales, architecture religieuse, art et méthodes de socialisation, tout lui paraît partout tout aussi uniforme, tout aussi occidental, tout aussi romain. L'évangélisation y est passée sur le paysage culturel comme un bulldozer nivelant sans pitié toute altérité, toute originalité culturelle. Sur les ruines causées par cette tempête iconoclaste impitoyable a été ensuite dressé un appareil de photocopie pour fournir les doubles nécessaires de modèles romains comme pierres de construction pour les églises locales. Bien entendu, le théologien progressiste connaît les documents ecclésiastiques officiels qui, à partir du concile de Jérusalem sur lequel nous renseignent les Actes des Apôtres (15,1-29) jusqu'à la dernière encyclique missionnaire du pape Jean-Paul II, proposent avec emphase une approche différente des cultures humains dans le processus d'évangélisation. Il est pourtant d'avis que ces déclarations solennelles sont restées dans le passé lettre morte, alors que dans le présent leur mise en pratique se heurte au refus de cyniques instances centrales d'autorité pour qui l'adhésion proférée du bout des lèvres paraît être l'unique moyen acceptable pour promouvoir le développement de l'inculturation. A part quelques concessions minimales dans des domaines marginaux, dont l'introduction de la langue vulgaire dans la liturgie constitue probablement la plus ambitieuse, même après le concile Vatican II tout est finalement resté inchangé. Désabusé, le théologien progressiste estime même devoir constater que l'ouverture à une inculturation concrète est plutôt en baisse qu'en hausse dans les hautes sphères des responsables ecclésiastiques.

Chez l'anthropologue on entend un tout autre son de cloche. Le contraste est si saisissant qu'on se demande parfois si lui et le théologien progressiste traitent d'une seule et même réalité. Ce qui frappe l'attention de l'anthropologue qui s'occupe de l'étude du christianisme, c'est l'énorme diversité de formes culturelles que revêt ce phénomène religieux. Il arrive à cette conclusion aussi bien lorsqu'il considère cette religion dans son développement historique que dans l'amplitude de sa diffusion géographique et culturelle. Des termes comme christianisme ou catholicisme parviennent à l'anthropologue par le truchement de la littérature théologique. Il a l'impression que les phénomènes désignés par ces vocables y sont traités comme des entités qui se trouvent au-dessus et en dehors des structures sociales et culturelles des populations qui les portent. Cette littérature considère toujours *le* christianisme ou *le* catholicisme. L'expérience de l'anthropologue est que, en dehors de cette littérature, *le* christianisme ou *le* catholicisme n'existent pas. Dans la réalité le christianisme ne se présente que comme incarné dans des groupes particuliers qui se dénomment eux-mêmes chrétiens et qui s'efforcent de vivre plus ou moins chrétiennement. Ces groupes possèdent tous leur histoire et leur culture particulières à partir desquelles ils comprennent et vivent le christianisme. Autrement dit, *le* christianisme est un concept, une construction théologique. Ce qu'il étudie, lui, selon la méthode empirique, c'est la manière selon laquelle ce concept est en fait concrètement compris. Cette compréhension du christianisme dépend de la manière propre, sans cesse changeante, selon laquelle il est assimilé, intégré et vécu par chaque groupe spécifique qui y adhère.

La physiologie et la psychologie modernes nous apprennent que les perceptions visuelles de l'homme ne sont pas en premier lieu déterminées par les images qu'il reçoit sur la rétine, mais à un degré bien plus élevé par les expériences antérieures, par le dispositif mental déjà en place et par les attentes spécifiques. Ce que nous considérons comme des 'images' sur la rétine, n'est capté par les extrémités nerveuses que comme un agrégat de points. Envisager ces points comme quelque chose d'aussi simple que p.ex. une 'ligne', constitue déjà le fruit d'une interprétation[12]. Voir quelque chose – et cela vaut autant pour entendre ou éprouver quelque chose en général – est donc toujours inévitablement voir, écouter ou éprouver quelque chose 'comme'. Autrement dit: observer et expérimenter impliquent un moment d'interprétation. La phase interprétative, impliquée dans toute observation, explique, entre autre, les dissonances entre les perceptions d'une même réalité par des personnes différents, comme aussi le phénomène d'illusion ou d'erreurs visuelles: p.ex. le tronc d'arbre qui provoque la peur chez un promeneur parce que, à une certaine distance et à la tombée du jour, il prend la forme d'un animal dangereux. L'applicabilité et le succès du test Rorschach bien connu sont tributaires de la justesse de ces vues physiologico-psychologiques, tout comme les problèmes herméneutiques avec lesquels les sciences humaines se débattent en constituent la suite logique.

Cependant, ce ne sont pas tellement les conséquences intraculturelles de ces données épistémologiques qui nous importent ici en premier lieu. Leurs implications interculturelles nous concernent bien davantage. En effet, ces dernières placent en point de mire, lors de chaque perception, le rôle de la culture. Le dispositif cognitif, l'expérience et les attentes, dont ont dit qu'ils conditionnent notre perception, ne sont pas des créations ex nihilo de l'individu indépendant et souverain. Ils s'enracinent dans la culture du groupe auquel appartient le sujet. Dans la ligne de l'empirisme d'un William James, par exemple, certains expriment des doutes au sujet de la détermination culturelle de nos expériences. On oublie alors qu'une expérience n'est jamais dissociable d'une interprétation et que cette dernière ne peut être construite qu'à l'aide d'éléments qui sont disponibles dans la culture. Comment des mystiques, par exemple, qui se réclament d'une expérience de Dieu, pourraient-ils indiquer l'objet de leur expérience comme étant Dieu s'ils ne possédaient

---

12. R. ARNHEIM, *Visual Thinking*, Berkeley, 1969, 27: «Perception consists in fitting the stimulus material with templates». Voir aussi K. OATLEY, *Perceptions and Representations. The Theoretical Bases of Brain Research and Psychology*, New York, 1978; A.F. CHALMERS, *What Is This Thing Called Science? An Assessment of the Nature and Status of Science and Its Methods*, St Lucia, 2 ed., 1982, chap. 3; M.A. ARBIB-A.R. HANSON, *Vision, Brain and Cooperative Computation. An Overview*, dans IBID. (eds.), *Vision, Brain and Cooperative Computation*, Cambridge, 1987.

pas déjà une idée, un concept, une image de Dieu empruntés à leur culture?[13] Le discours culturel, l'arsenal des connaissances, d'aspirations et des symboles que l'homme a à sa disposition, précède l'expérience significative, rend son articulation possible, la structure et la conditionne. En résumé, si 'voir' est inévitablement 'voir comme', c'est-à-dire suppose toujours un choix, une interprétation, un pari pour parler avec Gombrich[14], alors ces choix, interprétations et paris sont rendus possibles, mais en même temps limités, en un mot déterminés, par les présuppositions collectives, les modèles et les symboles dont dispose une société donnée et que l'individu reçoit d'elle au cours du processus de socialisation. Nous percevons d'autres choses que les membres d'autres sociétés, et eux de même perçoivent d'autres choses que nous, parce que nous opérons des choix différents et nous en tenons à des interprétations divergentes en raison et en fonction de nos représentations collectives spécifiques.

Les peuples mis en contact avec des innovations culturelles n'accommodent point celles-ci sur un ruban magnétique vierge à la façon dont l'appareil enregistreur accueille un texte ou un morceau de musique. Ce ruban n'est pas une page en blanc. Il a été manufacturé dans l'atelier d'une culture particulière qui en détermine et en limite la capacité et le mode de réception spécifiques. La culture constitue l'outillage mental par lequel les données inédites vont être reçues, analysées, filtrées et interprétées. Elle fonctionne comme un prisme plus ou moins déformant à travers lequel nous percevons, entendons, appréhendons et comprenons 'comme', tout ce que nous rencontrons et tout ce qui nous arrive. Nous envisageons toujours les nouvelles choses à la lumière de l'équipement cognitif et symbolique dont nous disposons déjà. Tout comme nos réactions envers de nouvelles situations sont invariablement inspirées et nourries par nos expériences antérieures. L'esprit humain n'accueille que ce qu'il est capable de rattacher de l'une ou l'autre manière à ce qu'il connaît déjà, de sorte que nous nous représentons toujours le nouveau ou l'inconnu sous la figure du connu. C'est le sens du 'principe de familiarité', que Fontenelle formulait déjà au XVIIe siècle[15]. La pensée humaine est paresseuse dit J. Schlanger. Elle emprunte de préférence des chemins battus et n'accepte l'innovation qu'à condition de la reconnaître dans ce qu'elle disait déjà[16]. Le nouveau n'est jamais simplement vu ou entendu,

13. A. MACINTYRE, Visions, dans A. FLEW-A. MACINTYRE (eds.), New Essays in Philosophical Theology, Londres, 1955, 256.

14. E.H. GOMBRICH, Illusion and Art, dans R.L. GREGORY-E.H. GOMBRICH (eds.), Illusion in Nature and Art, Londres, 1973, décrit voir comme 'gager'.

15. B. FONTENELLE, De l'origine des fables, Paris, 1932, 17. L'ouvrage publié vers 1725, fut écrit bien plus tôt, vraisemblablement au début des années quatre-vingt du dix-septième siècle. Voir J.R. CARRÉ, La philosophie de Fontenelle ou le sourire de la raison, Paris, 1932, 117-118; A. NIDERTS, Fontenelle à la recherche de lui-même, Paris, 1972, 220-221. On pourrait aussi appliquer l'ancienne formule thomiste «quidquid recipitur ad modum recipientis recipitur» à l'impact exercé par la culture que nous décrivons ici.

16. J. SCHLANGER, Métaphore et invention, dans Diogène (1970) 26. R. HORTON, Conversion: Impact versus Innovation, Paper Read at the Liverpool African Studies Association Conference, 1974, 3, parle «d'un principe de l'économie de l'effort intellectuel».

mais toujours vu ou entendu 'comme'. Ce que ce 'comme' comprend exactement dépend de l'ancien, du répertoire dont la culture dispose déjà. Une altération, transformation, réinterprétation ou récupération de l'assimilé, tantôt grossière, tantôt subtile, fait intrinsèquement partie du processus même d'assimilation, parce que celui-ci se produit toujours sur le fond de l'horizon déjà valorisé de la culture, qui marque inévitablement l'innovation acceptée. Puisque le nouveau ne peut se soustraire à la médiation par l'ancien, la contamination du premier par le dernier est inévitable. Sur ce point ont peut comparer, mutatis mutandis, l'activité de la culture avec celle de l'estomac qui n'assimile la nourriture qu'il reçoit qu'en la transformant.

L'anthropologue voit ces vues confirmées lorsqu'il s'occupe de l'étude du christianisme. Si telle est la manière selon laquelle des nouvelles données sont incorporées dans une culture existante, et si les cultures humaines divergent entre elles, l'intégration du christianisme se déroulera dans chaque culture d'une façon spécifique, et le christianisme, dans chacun des divers milieux culturels dans lesquels il est implanté et accueilli, témoignera de traits propres, nettement caractérisés, idiosyncratiques provenant de la culture assumante. En d'autres termes, dans chaque forme historique du christianisme, l'anthropologue découvre, au niveau de la compréhension existentielle des représentations et des pratiques religieuses, de leur intériorisation individuelle et collective et de leur pratique concrète[17], une religion déjà dans son essence inculturée. Cette dernière émerge dès que le message chrétien est annoncé à un groupe déterminé et que ce groupe décide de l'accepter[18]. A la place de l'uniformité et de la monotonie que, à sa grande irritation, le théologien progressiste croit percevoir invariablement, l'anthropologue se voit confronté avec une indescriptible quantité d'incarnations sans cesse différentes et originales d'un système religieux auquel souvent pratiquement seule la dénomination confère, de l'extérieur, une certaine unité et communauté de sens. Il ne comprend que difficilement qu'on ne remarque pas dans quelle mesure le christianisme, par exemple des Thai de Bangkok, diffère de celui des Nuer au Soudan, qui à son tour ne témoigne que de peu de ressemblance

17. Ce sont en effet ces niveaux qu'il convient d'analyser quand on veut découvrir la physionomie du christianisme réellement existant, et non pas les idéaux et objectifs qui inspiraient la stratégie des missionnaires de jadis, ni les préjugés qui dominent le discours théologique et académique actuel. V. Neckebrouck, *Paradoxes de l'inculturation. Les nouveaux habits des Yanomami*, Louvain, 1994, 109: «Si l'image d'une reproduction fidèle du christianisme occidental décrit peut-être correctement l'intention animant certains missionnaires européens, elle est totalement inadéquate pour traduire le résultat réel de l'activité missionnaire, notamment l'expérience vécue des chrétiens du Tiers Monde». Cfr. *Ibid.*, 100.

18. V. Mulago, *Evangélisation et authenticité dans l'enseignement du Magistère*, dans *Cahiers des Religions Africaines* (1980) 43: «Que le christianisme ait été introduit au début de notre ère, qu'il ait été prêché depuis le siècle dernier ou que je l'accepte au cours de la présente année 1980, je l'*indigénise* en moi. Etant moi-même pleinement africain, avec ma pensée, avec mes réactions intimes, avec mes convictions, avec le sentiment que ma nouvelle religion complète en ma personnalité ce que je considère comme un vide, comment voudriez-vous que ma religion reste étrangère, liée à une civilisation étrangère, alors que je l'intègre dans ma propre civilisation?» Cfr. L. Mbefo, *Theology and Inculturation: The Nigerian Experience*, dans *Cross Currents* (1988) 402.

avec celui des Indiens Aymara des Andes ou avec celui des travailleurs de
Birmingham ou des pêcheurs de Sri Lanka. Il constate que, quoi qu'il en soit
de l'emphase avec laquelle le christianisme entend se profiler comme une
foi religieuse qui ne s'abreuve qu'à une seule et unique source commune,
le dynamisme qui assure son expansion géographique et sociologique à
travers le monde, fonctionne dans la pratique autant comme un facteur de
diversification que comme un élément d'homogénéisation. Pendant que
théologiens et missiologues répètent à l'envi que, dans le domaine de l'ouverture et de la flexibilité envers d'autres cultures, le christianisme a beaucoup
à apprendre de l'Islam, L. Sanneh note que la tendance à la diversification
est bien plus accentuée dans le premier que dans le second[19]. Là où les
théologiens progressistes déplorent le manque de créativité des Églises non-
occidentales dans le domaine de l'inculturation[20], les anthropologues (et en
mesure croissante également les historiens) discernent, au contraire, dans la
puissance créatrice presque irrésistible dont elles font preuve dans l'appropriation culturelle de la foi chrétienne la note caractéristique par excellence de
ces Églises. Le problème pour l'anthropologue n'est nullement que les formes
autochtones originales du christianisme devraient être dépistées à la loupe.
Au contraire, il butte contre elles à tout bout de champ. Son problème est
qu'il lui est difficile d'identifier dans la multiplicité et la diversité des contex-
tualisations locales, l'élément ou les éléments qui justifieraient l'emploi du
dénominateur commun de 'christianisme'. Si des études cross-culturelles du
christianisme lui paraissent pratiquement infaisables, c'est parce qu'il s'est
avéré quasi impossible d'isoler une sorte de noyau invariable du christianisme, une 'essence' qui resterait intacte à travers les innombrables transformations culturelles qu'il a subies au cours de son expansion dans le temps et
dans l'espace. Même un élément tellement essentiel comme, par exemple,
le monothéisme apparaît plutôt comme une tendance que comme une réalité
acquise dans le christianisme considéré à l'échelle mondiale[21]. Déjà à l'intérieur d'une seule et même société le christianisme ne se présente jamais
comme une entité à signification unique, et immuable[22]. Lorsque, en outre,

19. L. SANNEH, *Translating the Message. The Missionary Impact on Culture*, Maryknoll,
1989, 234: «Muslims from across cultural and national boundaries exhibit far greater unity of
faith and practice than Christians».

20. Voir p. ex.: W. BÜHLMANN, *The Church of the Future*, Maryknoll, 1986, 148; V. WANTA-
TAH, *Emancipation in African Theology. An Inquiry on the Relevance of Latin American
Liberation Theology to Africa*, New York, 1989, 157.

21. Voir là dessus W. JAMES-D.H. JOHNSON, *On 'Native' Christianity*, dans IBID. (eds.),
*Vernacular Christianity. Essays in the Social Anthropology of Religion Presented to Godfrey
Lienhardt*, Oxford, 1988; G. SAUNDERS, *Introduction*, dans IBID. (ed.), *Culture and Christianity.
The Dialectics of Transformation*, New York-Londres, 1988; R. FIRTH, *Religion. A Humanist
Interpretation*, Londres-New York, 1996, 87.

22. R. LAPOINTE, *Socio-anthropologie du religieux. La religion populaire au péril de la
modernité*, Genève-Paris, 1988, 154-158; J.A. VAN DER VEN, *Katholieke Kerk en katholicisme
in historisch en empirisch perspectief*, dans J. PETERS (ed.), *Kerk op de helling*, Kampen, 1993;
J.A. VAN DER VEN, *Religieuze individualisering*, dans IDEM (ed.), *Individualisering en religie*,
Baarn, 1994, 73.

il se met à voyager à travers les continents et les cultures, il devient presque méconnaissable[23]. Certains proposent même d'écarter le terme christianisme du vocabulaire scientifique[24], précisément parce que le bariolage culturel extrême et lourd de conséquences des phénomènes auxquels il est appliqué, en rend l'usage problématique. La façon dont les missionnaires ont traité les différences culturelles, la souplesse et l'équilibre avec lesquels ils les ont gérées a, selon L. Sanneh, «donné lieu à la naissance d'un mouvement pluraliste aux dimensions planétaires, caractérisé par les forces de *pluralisme radical* et de déstigmatisation sociale»[25]. L'Église catholique en particulier, écrit M.D. Murphy, s'est montrée «capable de perspicacité culturelle et de flexibilité organisatrice». Ces dons ont fait d'elle «en termes de longévité, d'échelle et de possibilités, la plus grande réussite corporative de l'histoire de l'humanité»[26]. Des appréciations de situations locales concrètes confirment ces évaluations générales. Ainsi le chercheur britannique I. Linden écrit: «Si le succès est évalué d'après le degré d'intégration, d'incarnation qu'une religion occidentale universelle est parvenue à atteindre dans les sociétés africaines, alors les *success stories* sont nombreuses»[27]. Et l'anthropologue néerlandais J. Van Kessel s'exprime en ces termes: «Survolant cinq cents ans de christianisme en Amérique latine, un de ses principaux succès est l'andinisation du christianisme, l'inculturation de l'Evangile, le syncrétisme indien comme création des populations andines»[28]. Si de telles déclarations doivent être prises au sérieux, les protestations et les lamentations des théologiens progressistes acquièrent un accent presque pathétique[29].

23. R. GRAY, *Black Christians and White Missionaries*, New Haven-Londres, 1990, 1: «When the faith is transmitted across continents and cultures, it sometimes appears at first sight to be almost unrecognizable».

24. W.C. SMITH, *The Meaning and End of Religion. A New Approach to the Religious Traditions of Mankind*, New York, 1963.

25. L. SANNEH, *o.c.*, 234. Italique dans le texte. Voir aussi L.SANNEH, *Encountering the West. Christianity and the Global Cultural Process*, Maryknoll, 1993, 173, où il mentionne «the rise of world Christianity and its incredibly pluralist character».

26. M.D. MURPHY, *The Culture of Spontaneity and the Politics of Enthusiasm: Catholic Pentecostalism in a California Parish*, dans G.R. SAUNDERS (ed.), *o.c.*, 158.

27. I. LINDEN, *The Roman Catholic Church in Social Crisis: The Case of Rwanda*, dans E. FASHOLE-LUKE (ed.), *Christianity in Independent Africa*, Londres, 1978, 243.

28. J. VAN KESSEL, *Huilancha. Het bloedoffer van de Hoogland Indianen aan moeder aarde*, dans V. NECKEBROUCK-F. GISTELINCK-C. CORNILLE (eds.), *Het christendom en de conquista, 1492-1992*, Louvain, 1992, 122-123. Cfr. A.C. WALLS, *Christianity in the Non-Western World. A Study in the Serial Nature of Christian Expansion*, dans *Studies in World Christianity* (1995) 15: «One can speak of the Christianization of the Andes in the early colonial period only if one speaks of the Andeanization of Christianity». (En référant à un article inédit de W. MITCHELL, *Language and Conquest in Early Colonial Peru: The Ambivalent Dialectic of the Appropriation of the Andean Language*). Il convient de remarquer que le terme 'syncrétisme' ne comporte pas ici la connotation négative qu'il reçoit généralement dans les publications théologiques. Dans le langage anthropologique il revêt une signification neutre, purement descriptive.

29. J'ai formulé pour la première fois la vision exposée ici dans V. NECKEBROUCK, *L'autre inculturation*, dans *Église et Mission* 249 (1988), dont une version légèrement retouchée a été reprise dans NECKEBROUCK (1994) 87-108. Comme je l'ai dit plus haut (note 6), ces idées ne sont pas nécessairement acceptées par tous les anthropologues. Le point de vue de A. Quack,

Felix culpa

Sur les voies que ce pluralisme culturel radical emprunte pour se réaliser, sur les mécanismes et processus sousjacents dont il constitue le résultat, nous ne pouvons nous étendre ici[30]. Nous avons indiqué que voir, écouter, appréhender, comportent fatalement un moment d'interprétation qui ouvre, entre autre, la voie à des méprises et à des erreurs. Ces 'méprises' ont joué un rôle crucial dans la transmission du christianisme aux populations non-occidentales, tout comme elles avaient auparavant accompagné la réception de cette religion du Moyen-Orient en Europe. Le décalage culturel existant entre ceux qui annoncent l'évangile et ceux qui le reçoivent constitue la lézarde où se développe le malentendu congénital. *Felix culpa!* devraient s'écrier d'allégresse ceux qui sont favorables à l'inculturation. Car cette méprise constitue le sol sur lequel les formulations différentes et d'emblée inculturées, l'originalité et le visage propre, du christianisme non-européen sont susceptibles de pousser et de prospérer. Décrivant le première évangélisation du Mexique, S. Gruzinski note: «Les malentendus s'accumulent». «Tout portait à confusion et à malentendu»[31]. Ces mots sont applicables à toute prédication missionnaire et à sa réception. «Humainement parlant», écrit B. Sundkler «le nouveau message ne pouvait qu'être compris de travers»[32]. En effet, précisément parce qu'il est intériorisé en référence aux modes de pensée et d'expression de la culture traditionnelle. C'est comme si les représentations religieuses, la pratique rituelle, les prescriptions éthiques et disciplinaires échappent aux porteurs du message, se soustraient à la juridiction de leur esprit, pour aller mener une vie propre et s'adresser directement aux vues multiples et variées, aux besoins et attentes de ceux qui le reçoivent, chacun l'entendant dans sa propre langue comme lors de la première Pentecôte (Actes 2,6). *Omnis comparatio claudicat.* N'empêche qu'images et comparaisons sont parfois plus éloquentes que les formulations exactes mais abstraites, G. Welch décrit de la façon suivante la réception du christianisme en Afrique: «Quand vint le christianisme, l'Afrique l'accueillit avec un enthousiasme presque tapageur, un peu comme un chien exubérant qui grogne de plaisir en trouvant son maître, saute sur lui pour lui manifester son affection et, ce faisant, l'ébouriffe et lui déchire ses vêtements»[33]. Les expressions 'l'ébouriffer' et «lui déchirer ses vêtements» fournissent une présentation presque visuelle

p. ex., qui prétend discourir sur l'inculturation comme anthropologue, ne diffère en rien de celui de la théologie progressiste. Voir A. QUACK, *Inculturation. An Anthropologist's Perspective*, dans *Verbum* (1993) 8. J'ignore si cette prise de position a quelque chose à voir avec le fait que l'auteur est membre d'une congrégation missionnaire catholique et, à cause de cela, n'a peut-être pas réussi à prendre suffisamment de distance par rapport à l'idéologie qui momentanément prévaut, aussi dans ces milieux.

30. Sur ce sujet, voir NECKEBROUCK (1994) 95-100.

31. S. GRUZINSKI, *La colonisation de l'imaginaire. Sociétés indigènes et occidentalisation dans le Mexique espagnol XVIè-XVIIè siècle*, Paris, 1988, 239, 241.

32. B. SUNDKLER, *Bara Bukoba. Church and Community in Tanzania*, Londres, 1980, 95.

33. G. WELCH, *L'Afrique avant la colonisation*, Paris, 1970, 42.

de ce qui se passe avec le christianisme occidental chaque fois quand il pénètre dans une culture non-occidentale. Quant à moi, je recours volontiers à une anecdote, rapportée par un anthropologue américain dans son étude sur les Yanomamö ou Yanomami, et qui concerne aussi les vêtements. Ces Amérindiens habitent les forêts du Vénézuela et du Brésil. Des missionnaires avaient distribué des vêtements occidentaux à certains membres de ce groupe. Les bénéficiaires du cadeau paraissaient particulièrement satisfaits de cette nouveauté, car elle leur permettait de se protéger d'une manière plus efficace contre les piqûres d'insectes. Un peu plus tard, les missionnaires recevaient la visite d'un couple Yanomami. Leur stupéfaction et leur indignation furent indescriptibles à la vue de l'Indien et de sa compagne. Le mari avait découpé la brayette du pantalon, avec sa tirette incommode. Il avait relevé la verge avec une cordelette comme cela convient à un vrai Yanomami. Quant à la femme, elle avait enlevé la partie supérieure de sa robe, qui devait recouvrir normalement ses seins, afin de sauvegarder pour son baby l'accès rapide et aisé à la source de son aliment[34]. La 'méprise' est la conséquence inéluctable, oui la forme d'expression même de la discrépance culturelle[35]. A mesure que s'élargit la distance culturelle entre l'instance évangélisatrice et le public auquel elle s'adresse, augmente aussi la possibilité que les éléments transmis dérivent toujours davantage de leur signification originale. Dans tous les groupes culturels où la semence chrétienne est plantée, émergent, sous la pression inhérente aux cultures particulières, et sans faire attention aux lamentations des théologiens de gauche et aux récriminations de leurs collègues de droite, des incarnations nouvelles et originales d'un mouvement religieux juif vieux de deux mille ans.

Un caractère distinctif

Le pluralisme culturel à l'intérieur du christianisme se manifeste à tous les niveaux, à commencer par les concepts théologiques les plus élevés jusqu'aux cérémonies les plus banales. Et ici nous abordons la liturgie. Comme c'est là le sujet qu'il m'a été demandé de traiter, j'emprunterai les exemples pour illustrer la pluriformité susdite à ce secteur de la vie chrétienne. Je pars d'un fait fort simple, à peine signalé dans le flot de littérature sur l'inculturation. Ce qui est regrettable, car si on y attachait plus d'importance, il nous ouvrirait probablement les yeux sur les points importants qu'il révèle. Dans son étude sur le christianisme à Freetown, la capitale du Sierra Leone en Afrique occidentale, E. Fashole-Luke écrit:

---

34. N.A. CHAGNON, *Yanomamö: The Fierce People*, New York, 1977, 161.

35. Aussi agit-elle dans les deux directions. Non seulement le message missionnaire est mal compris par ses destinataires; le discours autochtone à son tour est mal compris par les missionnaires. M.C. KIRWEN, *The Missionary and the Diviner*, Maryknoll, 1987, 3, place la déclaration suivante dans la bouche d'un vieux Tanzanien: «The missionaries speak our language but do not understand the meaning of our words».

«Quand aussi bien les autorités qui décident de la marche des affaires dans les Églises que les membres de celles-ci sont des Africains, il est absurde de suggérer que les Églises de Freetown ne soient pas des Églises autochtones. Même les offices liturgiques prétendument occidentaux y possèdent un caractère propre, distinctif, qui n'est pas importé d'Europe[36]».

Illustrer les transformations que subit la pratique rituelle chrétienne-occidentale dans les cultures non-occidentales à l'appui d'exemples vraiment spectaculaires, n'exigerait point un tour de force. Nous ne suivrons pas cette voie ici. Je ne m'attarderai donc point sur la fusion de la liturgie occidentale, de la culture du Fang et de l'usage de l'hallucinogène eboga au Gabon[37], ni sur la célébration de la Fête-Dieu dans le cadre hallucinant du pèlerinage du Seigneur de Qoyllur Rit'i dans le Pérou méridional[38], pour démontrer que ces peuples sont chrétiens d'une autre manière que nous. Même de la compréhension du rite de communion comme une nouvelle variante des ordalies traditionnelles chez les Bakongo[39] ou du rituel catholique de l'ordination sacerdotale, qui dans certains diocèses du Zaïre prend l'allure de l'intronisation d'un *chef* traditionnel[40], je ne parlerai pas. Il ne sera pas davantage question de la manière assez spectaculaire dont l'ancien archevêque de Lusaka remplit la fonction du sacerdoce catholique[41]. Dans la ligne de l'intérêt croissant dont l'anthropologie contemporaine fait preuve à l'égard de l'ordinaire, du quotidien, je m'en tiendrai à des illustrations moins voyantes, à peine susceptibles d'attirer l'attention. Si même celles-ci manifestent le particularisme culturel de la liturgie chrétienne, mon argumentation ne peut que s'en trouver renforcée.

Assister à une messe 'romaine' dans une abbaye suisse, chez les Pygmées dans la forêt de l'Ituri, chez des pentecostistes catholiques noirs au Brésil, chez les Amérindiens dans la forêt d'Amazonie ou dans un ashram catholique aux Indes, est chaque fois une expérience non seulement spirituellement et intellectuellement, mais aussi émotionnellement et même physiquement, différente. Dans chacun de ces cas on prie autrement, on se sent autre, on pense à d'autres choses et l'on se comporte autrement, même si cet 'autre-

---

36. E. FASHOLE-LUKE, *Religion in Freetown*, dans C. FYFE-E. JONES (eds.), *Freetown: A Symposium*, Freetown, 1968, 132.

37. J.W. FERNANDEZ, *Bwiti. An Ethnography of the Religious Imagination in Africa*, Princeton, 1982.

38. J.A. RAMIREZ, *La novena al Señor de Qoyllur Rit'i*, Allpanchis, 1969; D. GOW, *Taytacha Qoyllur Rit'i*, Allpanchis, 1974; M.J. SALLNOW, *Pilgrims of the Andes. Regional Cults in Cusco*, Washington-Londres, 1987, p. 207-242; A. GISPERT-SAUCH COLLS, *La fiesta del Señor de Qoyllur Rit'i*, dans F. DAMEN-E. JUDD ZANON (eds.), *Cristo crucificado en los pueblos de América Latina. Antología de la religión popular*, Cusco-Quito, 1992.

39. W. MACGAFFEY, *Religion and Society in Central Africa. The Bakongo of Lower Zaïre*, Chicago-Londres, 1986, 167-168.

40. M. KALUNZU MAKA, *Prêtre dans la rue*, Ottignies-Louvain-la-Neuve, 1990, 37.

41. E. MILINGO, *The World in Between. Christian Healing and the Struggle for Spiritual Survival*, Londres-New York, 1984; G. TER HAAR, *Spirit of Africa. The Healing Ministry of Archbishop Milingo of Zambia*, Londres, 1992.

ment' n'est pas toujours facile à spécifier. Au risque de banaliser ou même de ridiculiser ce sur quoi je veux attirer l'attention, je tiens à citer un passage sur la célébration de la messe, tiré d'un livre où un missionnaire français jette un regard en arrière sur sa vie et son apostolat auprès des Esquimaux:

> «Durant le sermon et pendant la messe mon oeil perçoit des scènes qui sont difficiles à imaginer. Ici une femme nourrit deux ou trois enfants à la fois; là une autre tient un petit récipient en fer blanc, dans lequel sa progéniture à tour de rôle décharge d'une manière musicale ses urines. Là une femme suit d'un oeil mes actions à l'autel, tandis que de l'autre elle lorgne le fourmillement de petits carnassiers sur la tête de son fils qu'elle chasse méthodiquement, croquant la proie entre ses dents – dont j'ai l'impression d'entendre chaque fois à nouveau le bruit aigu»[42].

J'entends déjà le lecteur sceptique murmurer que de telles constatations insignifiantes, terre à-terre, ne constituent certainement pas le genre de cuir dont se taillent de larges courroies anthropologiques ou théologiques. Je prétends le contraire. En effet, l'expérience m'a appris que les différences d'ambiance, de style et d'attitude qu'on observe lors des célébrations eucharistiques dans divers contextes culturels, ne sont que le sommet de l'iceberg. Dans toute leur trivialité apparente, elles révèlent des représentations culturelles sous-jacentes fort divergentes ayant une portée cognitive et axiologique. Elles impliquent des conceptions différentes de ce qu'il convient d'entendre par une attitude appropriée dans un setting religieux, de ce que prier signifie en fait et de ce que célébrer la messe ou y assister veut dire précisément, de la place de cette messe dans l'ensemble de la vie religieuse ou de la part et du rôle respectifs du célébrant et des assistants dans le rituel. Elles renvoient à des visions alternatives sur la relation entre l'expérience du sacré, d'une part, et certaines attitudes mentales et expressions corporelles, d'autre part. Derrière tout cela se profilent d'autres représentations collectives, ayant trait, par exemple, au concept de Dieu, ou à la relation entre l'univers surnaturel et le monde de l'expérience quotidienne. Conceptions et représentations qui, à leur tour, ne sont point isolées des structures économiques et sociales de la société. Bref, ces faits, attitudes et comportements ordinaires, insignifiants au premier regard, reflètent le caractère propre de l'ensemble d'une culture. Bien que la littérature existante ne nous informe guère à ce sujet, sur le terrain et dans la pratique, les conflits concernant l'inculturation dans la liturgie se cristallisent au moins aussi souvent autour de l'attitude et du comportement des participants qu'autour du noyau, de la substance et de la forme de l'événement rituel lui-même[43]. Si mon analyse est exacte, il n'en

---

42. R. BULIARD, *Inuk*, Anvers-Le Hague, 1951, 129.

43. MILINGO, 73-74: «They tell me that I have no discipline since I do not send away from the church all the ladies with crying babies during my sermon. During baptism I must tell all the mothers to hide their breasts when they bring their babies. 'Tell them to breast-feed their babies before baptism...' As I wait for the people to come in before Mass I am told, 'This is not good education. When will the people learn to be on time?' As we come together to pray I am told, 'Will you teach them to sing quietly? Singing is also prayer, why do they have to

va pas, lors de ces conflits, de phénomènes périphériques et de bagatelles, mais de confrontations directes avec l'identité de cultures entières. Savoir dépister cette identité constitue tout de même une des conditions pour s'occuper d'inculturation d'une manière responsable[44]. Ne pas ridiculiser ces faits soi-disant insignifiants, mais nous ouvrir à leur signification, ne revient donc nullement à perdre son temps ni à chercher des poires en dessous d'un prunier. Un autre exemple rendra cela plus évident.

Une plainte que les missionnaires occidentaux et les prêtres actifs dans certaines régions rurales éloignées de l'Amérique latine expriment souvent, concerne leurs efforts sans cesse frustrés pour gagner leur auditoire à ce qu'ils appellent une participation réelle aux célébrations liturgiques. Tantôt c'est la préoccupation continuelle des fidèles avec des choses qui ne peuvent que détourner leur attention de ce qui se déroule à l'autel – le texte cité plus haut sur les Esquimaux en est un bon exemple – qui leur fait perdre courage; tantôt c'est le silence glacial et l'absence de tout signe extérieur de participation, en dehors de la présence physique évidemment, qui les conduit au désespoir. J'ai été fréquemment témoin de ces deux situations dans des communautés chrétiennes dont la culture traditionnelle est marquée par le chamanisme. Certaines célébrations eucharistiques devenaient des colloques si bruyants et tapageurs que la voix du célébrant ne parvenait plus à s'élever au dessus du tumulte général. En d'autres circonstances, en revanche, les gestes du célébrant étaient l'unique mouvement perceptible dans le bâtiment d'église, sa voix l'unique son audible. Même au souhait fréquemment répété «Le Seigneur soit avec vous», ainsi qu'à la série d'exhortations précédent le Sanctus, le célébrant devait répondre lui-même. Que l'office soit célébré dans la langue vernaculaire semblait tirer ici à aucune conséquence. Les prêtres de paroisse attribuaient le mal à, pour emprunter les paroles d'un d'entre eux, «ce hocus-pocus romain qui dans leur culture rime comme hallebarde et miséricorde». D'emblée cette explication apparemment évidente me semblait peu convaincante. En effet, si le rituel leur paraît si insensé et privé de signification comme le pensait leur curé, pourquoi alors continuent-ils, entretemps, et cela depuis plus de cinq siècles, à demander cette représentation européenne inepte? De plus, ce 'hocus-pocus romain' ne paraît pas aux yeux des Indiens, aussi étranger ou culturellement *out of place* que le prétendait ce pasteur de paroisse. Au contraire, certains chercheurs sont frappés par la ressemblance entre certains comportements rituels des chamanes sud-américains et les cérémonies chrétiennes. P. Gow, par exemple, note les concordances entre la messe catholique et les rites chamaniques de

---

shout? Moreover, they are singing at every moment which is left free. They should learn to have some silent moments'». Pour un autre exemple, voir V. NECKEBROUCK, *Nécessaire inculturation*, dans *Église et Mission* 239 (1985) 23-24.

44. Si et dans la mesure où il faut *überhaupt* faire quelque chose en ce domaine. Nous reviendrons sur cette question.

guérison en Amazonie occidentale[45]. Parfois les chamanes eux-mêmes se montrent clairement conscients de ces similarités[46]. Comme dans les cultures traditionnelles de ces peuples le chamane figure comme l'expert religieux par excellence, il paraît indiqué de s'arrêter quelques instants à l'attitude qu'adopte traditionnellement la clientèle envers ce personnage durant l'exercice de sa fonction.

Le term chamane est entré dans le vocabulaire des peuples occidentaux via la langue des Toungouses, un peuple de Sibérie Orientale. Sur l'explication étymologique du terme, il n'existe pas unanimité[47]. Une des hypothèses tient qu'il est dérivé du verbe *sa*, qui signifie savoir. La parenté avec les langues indo-européennes est évidente. Nous retrouvons le terme comme racine, entre autre, dans le français *savoir* et l'espagnol *saber*. Dans plusieurs autres cultures étymologiquement le terme local pour chamane renvoie également au verbe savoir. L'étymologie nous importerait guère, si dans ce cas-ci elle ne renvoyait pas directement à un élément qui n'est nullement dénué d'intérêt pour la compréhension de ce qu'il nous faut éclaircir. Par suite de sa vocation, le chamane, sous la conduite et avec l'aide de ses esprits auxiliaires, a exploré les régions du surnaturel. Il y a contemplé des choses que le commun des mortels n'a jamais l'occasion de voir. Cela lui a permis d'acquérir des connaissances inaccessibles aux autres. La connaissance acquise devient à son tour la base de la puissance et de l'art du chamane qui le mettent en état d'accomplir des choses merveilleuses qui dépassent les possibilités des autres humains. Ainsi voir conduit à savoir, et savoir à pouvoir[48]. Cette image de l'arrière-fond mystique de la carrière et des capacités du chamane détermine à la fois les dispositions et l'attitude de sa clientèle durant les séances. Grâce à ses contacts avec les êtres surnaturels, à ses voyages extatiques à travers les régions extra-terrestres, le chamane a acquis une compréhension profonde des arrière-fonds et des divers aspects des problèmes de son client, ainsi que des moyens appropriés à utiliser et des procédures à suivre pour leur trouver une heureuse solution. Il dispose pour cela du pouvoir et de la capacité nécessaires. Les assistants et l'intéressé lui-même n'ont rien à ajouter à cela ni à en retrancher quoi que ce soit. Il

---

45. P. GOW, *River People: Shamanism and History in Western Amazonia*, dans N. THOMAS-C. HUMPHREY (eds.), *Shamanism, History, and the State*, Ann Arbor, 1994, 107. La question si ces concordances sont oui ou non le résultat du contact entre les deux religions n'importe guère ici.

46. Au missionnaire Lucas Espinosa qui l'interrogeait sur les raisons de son activité rituelle, un chamane Cocama répondit: «Well, you priests, when you baptize people, don't you blow, spit, pour salt and oil, and do lots of other stupid things? Well, we do the same». L. ESPINOSA, *Los Tupí del Oriente Peruano. Estudio lingüístico y etnográfico*, Madrid, 1935, 146. J'ai remarqué moi-même durant mes recherches parmi les Garifuna du Honduras que les chamanes, lors de certains commentaires au sujet de leurs actions rituelles, soulignaient souvent le parallélisme de celles-ci avec les usages liturgiques et paraliturgiques catholiques.

47. M. ELIADE, *Shamanism. Archaic Techniques of Ecstasy*, Londres, 1989 (1° éd. 1951), 4; 495-496.

48. Cfr. le titre de l'ouvrage de J.P. CHAUMEIL, *Voir, savoir, pouvoir. Le chamanisme chez les Yagua du Nord-est péruvien*, Paris, 1983.

en résulte que leur rôle se réduira à un minimum si strict que, selon nos normes, on peut encore à peine parler de participation. Nous trouvons un exemple éloquent dans la relation que fournit M. Guevara-Berger d'un rituel de guérison chez les Bribri de Costa Rica. Le chamane s'arrange pour que les textes qu'il lit soient à peine ou nullement compris par ceux qui sont présents de sorte qu'ils ont l'impression qu'il psalmodie ses litanies dans une langue étrangère[49]. Durant certaines phases du rituel le patient, qui est pourtant le centre de l'événement, s'abandonne tout simplement au sommeil. A d'autres moments, l'assistant même du chamane se laisse glisser dans les bras de Morphée[50]. La passivité et la prise de distance mentale et corporelle ne revêtent pas partout des formes aussi extrêmes, mais les exemples donnés illustrent bien le ton fondamental. Il est également vrai que lors d'autres séances chamaniques latino-américaines, il est davantage fait appel à la participation du public. Celle-ci se situe cependant en règle générale en marge de l'événement rituel, plutôt que de faire partie de son noyau. Ainsi on sollicite souvent des membres de la famille et des amis du client une quote-part matérielle pour couvrir les frais occasionnés par l'opération. De même un repas communautaire, suivi éventuellement d'une partie de danse, ont parfois lieu après l'accomplissement du rituel proprement dit. A ce propos il faut d'ailleurs faire remarquer que ces éléments ne manquent pas davantage au rituel de la messe dans les pueblos latino-américains dont il s'agit. La collecte durant la messe peut être considérée comme un équivalent du premier élément alors que, quand il s'agit d'une messe à la mémoire d'un défunt, les membres de la famille et les connaissances du défunt se retrouvent ordinairement, après le service, pour un repas d'amis accompagné ou non de musique et de danse.

D'après cette lecture des faits, l'attitude de l'Indien envers l'expert religieux traditionnel détermine son attitude à l'égard du prêtre catholique et son comportement lors de la célébration des cérémonies chrétiennes reproduit son comportement lors des rituels chamaniques. Ce qui signifie qu'une conception amérindienne au sujet des experts rituels et de leur fonction au sujet de la nature de l'activité rituelle, de la place et de l'attitude des croyants à cet égard, a été introduite dans le christianisme. En d'autres termes, nous nous trouvons ici devant une expression et une expérience non pas occidentales, mais authentiquement locales de la liturgie chrétienne.

---

49. A vrai dire un étrange retournement de l'évolution suivie par l'Église catholique depuis le Concile du Vatican II!

50. M. GUEVARA-BERGER, *A Visit to a Bribri Shaman*, dans G.H. GOSSEN (ed.), *South and Meso-American Native Spirituality*, New York, 1993, 181, 183.

Théologie cachée

Dans l'exemple décrit plus haut, les éléments qui confèrent à la célébration eucharistique un caractère autochtone distinctif sont parfaitement à découvert, qu'il s'agisse de l'agitation fébrile des femmes Esquimaux ou des bouches hermétiquement closes des Indiens des Andes. Seule la perception de l'arrière-fond explicatif et de la signification de ces comportements dans un contexte rituel suppose une connaissance plus profonde de la culture et de la société dans lesquelles ils se produisent. Dans l'exemple suivant la situation est différente, moins transparente. Le passant accidentel qui entre dans l'église d'un des villages Garifuna le long de la côte septentrionale du Honduras[51] au moment où s'y célèbre une messe pour un défunt ne remarquera aucune différence notable avec la célébration du même rituel dans un village espagnol ou français. Le théologien progressiste reprend courage: il sent qu'il va avoir raison. Les missionnaires ibériques et d'Amérique centrale, travailleurs zélés et apôtres motivés, qui depuis près de trente ans sont actifs dans la région, ne sont pas non plus conscients d'une différence quelconque entre le concept et la pratique de la messe tels qu'ils les propagent et les pratiquent, et la manière dont les chrétiens Garifuna ont intériorisé cette conception et cette pratique. Seule une recherche longue, patiente et consciencieuse révèle la dérive entre les deux et la théologie cachée des Garifuna qui s'y exprime.

Dans les pays occidentaux une messe pour un défunt est célébrée quand une personne, généralement un proche parent, un ami ou une bonne connaissance, en fait la demande auprès du curé ou du secrétaire paroissial. Chez les Garifuna il n'n va pas autrement. Cependant, quelque chose y précède. Une messe n'est commandée auprès de l'autorité paroissiale que quand elle a été expressément sollicitée par le défunt lui-même. Celui-ci fait connaître son désir de voir célébrer une messe à son intention dans un rêve ou en provoquant l'un ou l'autre événement inhabituel, généralement désagréable, au sein de sa famille, événement dont la signification est interprétée par le chamane comme une demande de célébration eucharistique. Aussi longtemps qu'une telle requête n'est pas parvenue à la connaissance de la famille par l'une des voies mentionnées, la célébration d'une messe pour le défunt est considérée comme non désirable, inutile et, en fait, déplacée. Ceci constitue une première différence remarquable avec la pratique occidentale. Mais il y a plus. La demande d'une messe n'est pas un fait isolé, sans liens avec une série d'autres éléments. Dans la pratique, elle ne constitue qu'une partie d'un ensemble plus vaste d'exigences que le défunt vient réclamer progressivement de ses descendants au cours des années. Elle en forme dans de nombreux cas la première tranche, mais plus souvent encore la seconde. Le défunt commence généralement, quelques mois après son décès, à demander un 'bain', un 'bain d'âme', un rituel intime qui se déroule au sein de la famille

---

51. Les données qui suivent sont basées sur ma propre recherche anthropologique dans la région.

à une heure matinale et qui ne doit pas être décrit davantage ici. La seconde requête concerne, comme déjà dit, la célébration d'une messe. A cette célébration participent, outre le célébrant évidemment, en général exclusivement des membres de la famille et, éventuellement, des amis du défunt invités par la famille. La présence d'autres personnes n'est en fait pas souhaitée et même dans certains cas considérée avec méfiance. La troisième intervention du défunt recherche l'obtention d'une *mesa* ou *chugu*, un rituel traditionnel qui généralement se prolonge durant toute la journée, suppose de nombreuses offrandes, à côté de chants, danses, musique et un repas communautaire. La série de requêtes du défunt culmine, souvent de nombreuses années après le décès, dans la demande d'un *dugu*, le plus important et le plus coûteux de tous les rituels collectifs Garifuna. Celui-ci exige de longs mois de préparation, comprend divers rites préliminaires, se prolonge durant plusieurs jours et plusieurs nuits. Au cours des mois suivants il reçoit encore plusieurs compléments. Refuser d'aller à la rencontre des exigences du défunt entraîne inévitablement des sanctions telles la maladie, la mort ou autres malheurs. Tout cela revient à dire que la messe pour le défunt se trouve intégrée dans le système symbolique local. Elle est devenue une partie constitutive d'un cycle rituel traditionnel qui pour les Garifuna règle les relations entre le défunt et sa famille. Une analyse plus poussée, qui ne peut être développée ici, montrerait comment ce cycle se situe dans l'ensemble de la cosmologie du Garifuna et comment il fait corps avec leur histoire, leur milieu écologique, leurs structures sociales et leur situation économique, bref avec la totalité de leur culture. Mais même à défaut de cette démonstration, il est sans plus évident que nous avons affaire ici à une théologie, une pratique et une expérience originales de la messe catholique pour défunts. Très récemment on s'est mis à réfléchir sur les moyens d'enraciner davantage la célébration eucharistique chez les Garifuna dans la culture locale, de 'l'inculturer'. Dans ce but on envisage d'introduire la langue garifuna (à la place de l'espagnol), l'usage de mélodies et de textes garifuna, le recours aux instruments de musique locaux et aux danses traditionnelles. Il n'y a rien à redire à de telles initiatives. Il est seulement regrettable qu'entretemps une inculturation déjà existante, qui est la conséquence spontanée et automatique de l'incorporation de la foi chrétienne dans le contexte garifuna, échappe totalement à l'attention. Cependant, elle va bien plus en profondeur que les mesures proposées qui, aussi légitimes qu'elles soient, se contentent en réalité de faire passer la messe bien latine par un bain aux cosmétiques traditionnels. Mais il est temps de dresser le bilan.

Quelques conclusions

1. Une première implication de ce que nous venons de dire est qu'il est préférable de cesser d'être crispé sur l'obsession de ne percevoir dans la vie de l'Église du Tiers-Monde que des symptômes de l'impérialisme culturel occidental. Il est indispensable d'enlever du nez les lunettes progressistes afin de libérer le regard et de le rendre réceptif à la réalité du christianisme dans

les pays non-occidentaux telle qu'elle s'y présente à un observateur non prévenu. C'est-à-dire: comme une religion chrétienne qui n'a pu se soustraire à la médiation de la culture locale et, sous l'effet de son action transformatrice, a subi d'emblée une première et profonde inculturation.

2. S'hypnotiser sur ce que l'on considère erronément comme une pure copie du christianisme occidental, ne constitue pas seulement une entorse donnée à la vérité anthropologique. Le sous-éclairage total de la coloration et de la qualité autochtones du christianisme indigène, qui caractérise cette attitude, est en plus outrageant pour les chrétiens non occidentaux. Il correspond à une surestimation injustifiée du rôle et de l'importance de l'homme blanc et à une méconnaissance tout aussi grossière de la créativité déployée par les chrétiens non occidentaux lors de la réception et de l'intégration des formes importées du christianisme dans leur propre culture. Elle affermit le mythe paternaliste de la passivité congénitale de l'homme non-occidental qui est tout juste bon à avaler ce que le maître européen a daigné lui mettre sur la langue. Seule la reconnaissance du phénomène de l'inculturation spontanée est capable d'en finir avec cette image fallacieuse qui présente les chrétiens du Tiers-Monde comme des ardoises vierges et sans défense sur lesquelles l'homme blanc écrit ce qu'il veut[52]. Le diagnostic progressiste de la situation culturelle de l'Église du Tiers-Monde est au fond, et paradoxalement, ni plus ni moins qu'une continuation ou une reprise de l'ancien préjugé occidental que ces peuples sont privés de culture. En effet, si l'on était convaincu du contraire, on devrait du même coup reconnaître l'influence transformante exercée par cette culture lors de l'appropriation de l'héritage chrétien occidental.

3. Si tout christianisme existant est un christianisme inculturé, les termes caractéristiques courants dans lesquels théologiens et missiologues dissertent de l'inculturation ne s'avèrent peut-être pas les plus appropriés. Je me réfère à ce langage qui ne semble pouvoir parler de l'inculturation qu'en termes d'une tâche à réaliser, d'une mission à accomplir, d'un problème à résoudre. Or la 'mise en place' culturelle du christianisme se présente en premier lieu comme un processus spontané, automatique et inévitable, plutôt que comme un problème qui doit être résolu au moyen d'une stratégie à élaborer et à suivre. En ce sens, tenir compte des résultats de la recherche anthropologique conduit à une certaine dédramatisation du discours théologique courant sur l'inculturation. Est-il vraiment nécessaire de produire tant de ronflements de cuivres théologiques, tant de clameurs missiologiques en faveur d'une tâche

---

52. J. KENYATTA, *Facing Mount Kenya. The Tribal Life of the Gikuyu*, Londres, 1938, 269: «The African was regarded as a clean slate on which anything could be written. He was supposed to take wholeheartedly all religious dogmas of the white man and keep them sacred and unchallenged». G.S. WERE, *Cultural Renaissance and National Development. Some Reflections on the Kenyan Cultural problem*, dans *Journal of Eastern African Research and Development* (1982) 4: «Africans behave and act as though they constituted a clean slate on which Western cultural values and institutions were ordained to be permanently printed».

dont la logique anthropologique et le dynamisme créateur des communautés croyantes s'acquittent en tout état de cause? Si problème il y a, il paraît assez paradoxalement provenir plutôt de l'excès de succès de l'inculturation. Nous avons affaire alors à ce que j'appellerais le phénomène de 'sur-adaptation' ou de 'sur-inculturation'[53]. J'entends par là les manifestations spontanées d'un christianisme autochtone résultant d'une appréciation de la nouvelle religion par des non occidents qui paraît théologiquement contestable. Non pas parce qu'elles seraient restées trop occidentales, mais au contraire, parce qu'elles se seraient laissées influencer trop aisément, trop profondément ou sans le discernement nécessaire, par les structures, les modèles de comportement ou les valeurs de la tradition locale. Avec pour conséquence que l'élément dynamique, critique, rénovateur du message chrétien s'est trouvé entravé ou même éliminé dans le processus de l'assimilation. On se trouve alors confronté avec le phénomène fort discuté du syncrétisme, source d'inquiétude surtout pour les théologiens conservateurs. Comme j'ai promis de ne pas viser ceux-ci, je laisse cette question en suspens.

4. Une autre conclusion, à mes yeux fort importante, est que, si on veut à tout prix tenir un discours sur l'inculturation ou travailler à sa mise en pratique, le point de départ de cette réflexion et de cette pratique devrait de toute façon être le christianisme inculturé qui existe effectivement. Autrement on parle dans le vide, on frappe des coups dans l'eau, on roule avec des pneus plats. Le prix de l'utilité et de la fécondité du discours théologique sur l'inculturation est la connaissance ethnographique circonstanciée, détaillée et approfondie, acquise aux prix de beaucoup de patience, d'un terrain donné. Aujourd'hui assez bien de mémoires de licence et de thèses de doctorat ont comme objet d'étude l'inculturation de la foi dans l'une ou l'autre culture. Chaque fois à nouveau je me sens forcé de constater que trop souvent l'apport de ces textes académiques élevés est minimal. On utilise une description d'une culture traditionnelle donnée, telle qu'elle a été fixée dans les monographies anthropologiques, sociologiques ou historiques, pour la confronter ensuite avec ce que l'on considère comme le message chrétien. La pertinence pastorale d'un tel exercice est nulle. Les études sur l'inculturation n'acquièrent de l'utilité pastorale que dans la mesure où elles acceptent de partir de ce qu'une société donnée a déjà fait du christianisme et de ce que le christianisme, de son côté, a déjà fait de cette société. Le résultat de cette interaction réciproque est, en effet, l'unique culture véritable, c'est-à-dire réellement existante, de cette société. Si nous ne traitons pas de la culture réellement existante, de quoi alors traitons-nous? De quelque chose qui n'existe pas. En quoi pourrait bien consister l'intérêt théologique ou pastoral de pareil objet?

Il ne s'agit pas seulement de travaux de licence ou de thèses doctorales. Une part considérable de la littérature publiée sur le sujet est atteinte de la même maladie. Je me limite à un exemple concernant la liturgie. «Comment l'important symbole du baptême peut-il exprimer la purification et l'agréga-

---

53. Voir NECKEBROUCK (1994) 104-106.

tion à la communauté, lorsque dans la culture des Maasai d'Afrique, verser de l'eau sur la tête d'une femme est un rituel qui la condamne à la stérilité?» Ainsi s'écrie, sur un ton aussi indigné que triomphal, Robert Schreiter, théologien progressiste, spécialiste de l'inculturation, pendant que son collègue Stephane Bevans l'approuve d'un signe de tête[54]. S'ils s'étaient donné la peine de s'informer de ce qui se passe réellement chez les Maasai, ils auraient pu s'épargner l'effusion emphatique. Ils auraient su, entre autre, qu'au milieu de ce peuple, qui depuis plus d'un siècle et demi s'oppose avec une égale ténacité au christianisme et à la culture occidentale[55], a éclaté dernièrement une véritable épidémie de possession par des esprits qui frappent, notamment, surtout les *femmes* en les rendant malades, et dont les victimes ne trouvaient soulagement qu'en se laissant verser de l'eau *sur la tête* par un prêtre catholique[56].

5. Une des conséquences de ce que l'on appelle l'initiation anthropologique – une recherche réussie au milieu d'une civilisation étrangère – est qu'une fois de retour dans sa propre culture, l'anthropologue considère celle-ci d'un regard différent. Une mutation ou conversion *(metanoia)* semblable subit celui qui s'occupe d'inculturation dans la perspective développée ici. Il est finalement rejeté vers sa propre pratique chrétienne qui lui apparaît désormais sous un nouvel éclairage. En particulier, il la perçoit comme beaucoup moins évidente ou 'naturelle', beaucoup plus qu'il ne l'avait soupçonné redevable du système de socialisation auquel il a été soumis[57]. Les présuppositions cachées de sa culture, qui déterminent son discours sur l'inculturation, apparaissent au grand jour et la pureté de ses intentions est mise en question. Pour en rester à l'un des exemples donnés plus haut, l'anthropologue s'interroge sur l'obsession du théologien occidental ou du missionnaire de vouloir à tout prix remédier à ce qu'ils appellent le 'manque de participation' dans la

---

54. R. SCHREITER, *Constructing Local Theologies*, Maryknoll, 1985, 2; S.B. BEVANS, *Models of Contextual Theology*, Maryknoll, 1992, 6.

55. V. NECKEBROUCK, *Resistant Peoples. The Case of the Pastoral Maasai of East Africa*, Rome, 1993.

56. S. BENSON, *The Conquering Sacrament. Baptism and Demon Possession among the Maasai of Tanzania*, dans *Africa Theological Journal* (1980); M. KANE, *A View on the Olpepo Phenomenon*, dans *Apostolate to Nomads Amecea* 79, (1984); A. HURSKAINEN, *Epidemiology of Spirit Possession among the Maasai in Tanzania*, dans *Africa Theological Journal* (1985); D.A. PETERSON, *Spirit Possession among the Maasai in Tanzania*, dans *Africa Theological Journal* (1985); A. HURSKAINEN, *The Epidemiological Aspect of Spirit Possession among the Maasai of Tanzania*, dans A. JACOBSON-WIELDING-D. WESTERLUND (eds.), *Culture, Experience and Pluralism. Essays on African Ideas of Illness and Healing*, Uppsala, 1989.

57. L. NEWBIGIN, *The Open Secret*, Grand Rapids, 1978, 170-171: «These (European) ways of thinking have become so dominant throughout the world during the past two centuries that it is very difficult for those who have never known anything else to realize that they are only one of the many possible ways in which men and women have found it possible to make sense of their experience. (...) For those who have never lived in any other cultural world than that of the contemporary West it is very hard to see that theirs is only one of the tribal cultures of mankind. (...) Anything else has to be translated into these forms before it can be seriously studied».

liturgie de certains peuples parmi lesquels ils travaillent. Notre forte propension à apporter ailleurs la participation, dans la forme sous laquelle nous la cultivons, est-elle la conséquence de notre attachement à l'Evangile et de notre zèle pastoral, ou plutôt la projection de notre propre manière de voir et de nos propres aspirations dans l'esprit d'autres peuples? Plus concrètement, notre effort n'est-il pas une tentative inconsciente et subtilement masquée pour vendre, voire imposer, l'activisme occidental, le besoin occidental d'inspiration et d'expression personnelles, l'individualisme occidental, aux populations non-occidentales comme l'unique forme valable de participation à la pratique rituelle chrétienne? Dans l'image que la théologie progressiste contemporaine cultive de la participation à la liturgie on peut distinguer divers aspects. Tous ne peuvent pas être examinés ici. Je me concentre sur deux d'entre eux que je décris comme 'faire' et 'dire'. Dans un article sur 'l'inculturation et l'avenir de la liturgie', le professeur Lukken écrit: «Le temps est maintenant arrivé où l'accent est placé sur la foi comme libre expression du sujet»[58]. Si je comprends bien cette formule, appliquée à la liturgie, elle signifie que l'individu doit avoir le plus possible la possibilité de *faire* et de *dire* ce qu'il considère comme l'expression non contrainte et authentique de son identité personnelle. En d'autres termes, la liturgie devrait être dégagée dans la mesure du possible de tout ce qui relève des normes, des règles, des prescriptions avec lesquelles le sujet est incapable de s'identifier ou dans lesquelles il ne reconnaît que très imparfaitement ses aspirations personnelles[59]. Je me demande dans quelle mesure pareille attitude favorise la foi et la liturgie, même dans la culture moderne occidentale, mais cela n'est pas de propos ici. En tout cas, c'est ce que je perçois dans les essais incessants pour rendre la liturgie acceptable et attrayante aux yeux des enfants et des jeunes occidentaux, pour les associer d'une manière active à l'événement, pour les faire 'participer'. Concrètement, on s'efforce de réaliser cet objectif en leur donnant autant que possible voix dans le chapitre, ce qui revient à les laisser *faire* et *dire* eux-mêmes le plus de choses possibles, et cela de la façon dont eux-mêmes désirent les faire et les dire. Plus on réussit à introduire pareil exhibitionnisme dans la célébration liturgique, plus on croit pouvoir parler d'une participation réussie. Sans le dire avec autant de mots, et sans doute inconsciemment, on compare cet idéal de participation avec son absence totale que l'on croit devoir constater dans les sociétés non occidentales dont nous avons parlé, un mal auquel on croit dès lors être obligé de remédier.

Maintenant, le concept même d'inculturation implique au minimum qu'on accepte de tenir compte de la possibilité que les porteurs d'autres cultures réagissent différemment, à partir d'autres besoins et visions. J'en arrive au

---

58. LUKKEN, 128.
59. Comme le fait remarquer A. DE WAELHENS, *Les mythes de l'authenticité*, dans E. CASTELLI (ed.), *Démythisation et morale*, Paris, 1965, 91, cela conduit rapidement «à liquider toute obligation quelconque, sinon celle toujours recréée d'être authentique, puisqu'il paraît bien difficile de comprendre, en dépit de Kant, comment un acte issu d'une obligation pourrait être expressif et encore moins constitutif d'un sujet».

fait. Comme la plupart des anthropologues, j'ai été fréquemment frappé par le comportement différentiel des enfants dans diverses cultures. Le chercheur néerlandais Van Baal remarque que le fait s'est imposé à lui avec une netteté particulière en contemplant une fois des enfants de provenances diverses réunis sur un même bateau. Après une demi-journée d'exploration de leur nouvel entourage, les enfants occidentaux commencent invariablement à rebâcher sur ce qu'ils doivent *faire* à présent. En revanche, les enfants non-occidentaux, sans importuner personne, regardent tranquillement ce qui se passe ou s'occupent des besoins immédiats de leur petit frère ou petite sœur. Van Baal signale avec raison que cette différence doit être mise en relation avec des méthodes de socialisation, des structures sociales, des conditions économiques et des mœurs différentes[60]. Chez nous les enfants doivent *faire* quelque chose dès leur naissance. Le bibelot est déjà dans le berceau avant que les menottes de l'enfant soient capables de d'en saisir. Plus tard suit toute la gamme de cubes et boîtes de construction et de tissages et de trains minia-tures et Dieu sait quoi. Et quand, malgré tout, l'enfant vient tout de même pleurnicher qu'il s'ennuie, la maman se hâte d'imaginer une nouvelle occupa-tion, car «les enfants doivent *faire* quelque chose». En même temps, dans les écoles, les méthodes d'éducation visent actuellement à amener l'enfant à exprimer ce que l'on appelle «une opinion propre», et à lui inculquer de considérer comme normative «l'expérience propre». Rien d'étonnant à ce que tout cela se retrouve dans le désir d'orienter l'action liturgique dans ce sens. Ce qui à moi me paraît important de noter, c'est que dans les deux sortes d'enfants on voit se profiler déjà les deux types différents de jeunes et d'adultes. D'un côté, l'occidental qui estime qu'il doit absolument se réaliser par son activisme, son *faire*, et par la force de son bagout, sa voix dans le chapitre, son *dire.* Ce qui est théologiquement rationalisé, ou mieux canonisé, comme 'participation active à la liturgie'. D'autre part le non-occidental qui se sent beaucoup moins poussé à profiler son individualité au moyen de pareils 'faire' et 'dire' personnalisés. Je n'ai pas à émettre ici un jugement de valeur. Il me suffit de faire comprendre que derrière la pastorale de la participation, telle qu'elle est prônée dans la théologie occidentale, se cache une idéologie culturellement déterminée, et qu'il n'est pas immédiate-ment évident que, du point de vue évangélique, il faille attribuer à cette dernière une valeur supérieure à celle des Esquimaux ou des Indiens rencon-trés dans nos exemples. Dès lors, il n'est pas absolument certain que le missionnaire ou le responsable pastoral doivent absolument intervenir dans les attitudes et les comportements de ces chrétiens en vue de les modifier. Peut-être le temps est-il arrivé de témoigner effectivement de ce respect pour les autres cultures dont nous faisons profession publique depuis des décen-nies. Il est d'ailleurs bon de ne pas oublier que la femme Esquimau qui pendant la messe est occupée à capturer les puces de son fils, l'Indien qui se tient dans un silence imperturbable, regardant fixement devant lui, de

---

60. J. VAN BAAL, *Boodschap uit de stilte. Mysterie als openbaring*, Baarn, 1991, 113, avec des renvois à d'autres passages de son œuvre.

même que ses amis qui sont occupés au fond de l'église à jouer aux dominos ou aux cartes, ont parfois parcouru des dizaines de kilomètres pour 'participer'. Bien entendu, à leur façon.

Une question pour terminer

Je suis sûr que chez nombre de lecteurs une question fondamentale brûle depuis tout un temps sur les lèvres. En effet, on peut se demander avec raison si je ne me suis pas rendu la tâche trop facile. Car c'est une donnée irréfutable que, lors de la transmission du message chrétien au Tiers-Monde, des structures et des symboles historiquement et culturellement déterminés, plus spécifiquement occidentaux, ont été exportés vers ces pays. S'il est vrai que la liturgie occidentale a, dans chaque culture non occidentale, été comprise autrement, interprétée, pratiquée et vécue différemment, il n'en reste pas moins que c'est finalement toujours la liturgie occidentale qui est comprise, interprétée, pratiquée ou vécue différemment. Les modèles culturels occidentaux du christianisme ont été embarqués comme autant de vaches sacrées intouchables vers le Tiers-Monde et introduites là-bas comme indissolublement liés à l'Evangile. Etait-ce nécessaire, légitime? Faut-il que cela reste ainsi? N'y a-t-il rien à changer? En un mot, rira bien qui rira dernier: le théologien progressiste a-t-il, malgré tout, finalement raison? Il me reste juste assez de temps pour répondre avec la formule consacrée qui figurait autrefois en bas de la livraison quotidienne du feuilleton dans les journaux: 'à suivre'.

Nijvelsebaan 144   Valeer NECKEBROUCK
3060 Korbeek-Dijle

QL 77 (1996) 77-95

"ALL PEOPLE SEE THE SAME SUN"
LITURGY IN AFRICA BETWEEN INCULTURATION AND SYNCRETISM

When I as a young missionary participated in a eucharistic celebration for the first time in Sukumaland,[1] the area where I was going to work, I noticed that after receiving Holy Communion the faithful bent to the East and not to the tabernacle. I thought this strange, but I did not pay any further attention to it. This is the way they do it here, I thought, and passed to the order of the day. Only much later, when I got to know the language and the culture of the people, I understood that the word the people used to refer to the sun was identical to the name for God (Lyuba) and that there was a complete different concept of God behind this name.[2] For the faithful the sun was a symbol for a God who was far away, who had created the world and who further left it to the people to make something out of it, while the Eucharist spoke about God as Father, who loves the people.

The priest and the faithful spoke the same language (Swahili), but they meant different things. This is an example of what we called a 'working misunderstanding' earlier.[3] The people have their own interpretation of the Eucharist, which may be very different from the official teaching.[4] This can be seen as a form of syncretism, as an aberration of the true faith that must be purified by a confrontation with the gospel as soon as possible.[5] It can also be seen as a popular form of inculturation that can guide the inculturation from above.[6] The thesis that I want to put forth in this contribution is that a fear for syncretism hinders inculturation and that an understanding

1. Sukumaland is situated in Northwest Tanzania, South of Lake Victoria. The Sukuma people, who number about 6 million, form the main ethnic group in the area. Most people live from small scale agriculture and adhere to the indigenous religion (85%). 10% of the population are Catholic, 3% are Protestant and 2% are Muslim.

2. In the indigenous religion it was a custom to face east-wards in the morning, to pay homage to the rising sun, symbol of Divinity. The Germanic peoples did the same. This caused that churches were built facing the East during the Christianization of Northern Europe.

3. R. Tanner, F. Wijsen, 'Christianity in Usukuma. A Working Misunderstanding,' *Neue Zeitschrift für Missionswissenschaft* 49 (1993) 177-193, 177.

4. Once I was recovering from a malaria attack. I was adviced to go to the Eucharist. The host would be a good medicine for me. Several times I experienced that liturgical rituals were interpreted in terms of healing. See R. Tanner, 'The Sacrifice of the Mass. The problem of meaning in gemeinschaft societies in Eastern Africa,' *Zeitschrift für Missions- und Religionswissenschaft* 78 (1994) 99-114.

5. Ch. Nyamiti, 'A Critical Assessment on Some issues in Today's African Theology,' *African Christian Studies* 5 (1989) 5-18, 7.

6. L. Magesa, 'The present and the Future of inculturation in Eastern Africa,' in *Inculturation. Abide by the Otherness of Africa and the Africans*, ed. P. Turkson and F. Wijsen (Kampen: J.H. Kok, 1994) 57-71, 70.

of syncretism as inculturation from-below can help official inculturation to proceed further.[7] The inculturation problem is not that there is a tension between African culture and Christian faith, the problem is that there is a tension between inculturation from below and inculturation from above.

I look at the inculturation of the liturgy in Africa from a missiological perspective. Missiology is the scientific study of and theological reflection on the dynamics of Christianity amidst cultures, religions, socio-economic systems and political institutions.[8] Contemporary missiology develops itself as a hermeneutical science, in which the encounter with the other is central.[9] Its aim is not to teach and convert the other, but to discover and to abide by the own identity of the other.[10] As mission is a communication event, missiology makes use of communication science.

In this contribution I start from my own experience in Sukumaland and state that there is a general depression in the inculturation movement in (East) Africa.[11] Next I try to understand this depression from the perspective of mission history and mission theology. Finally I want to look for a new theory (theology) that can give impulses for a new practice of inculturation. Missiology studies the history, foundation and practice of mission;, hence it has historic-, systematic- and practical-theological components. In this contribution I am mainly concerned with the last-mentioned.

An inculturation experiment

From 1st May till 1st August 1995 I worked in the Sukuma Cultural Centre in Bujora, 18 kilometers East of Mwanza, the most important town of Sukumaland. This centre dates back to the inspiration of Joseph Blomjous, a Dutch White Father who was bishop of Mwanza from 1950 till 1965. He was a defender of the 'adaptation' theology and later of the 'inculturation' theology.[12] The aim of the centre was, and still is, the adaptation of the Christian liturgy to the local Sukuma culture, and the promotion of development on

7. Until recently syncretism was dismissed in ecclesial circles. Now more and more theologians see syncretism as a source of inculturation and dialogue. H. Siller, *Suchbewegungen. Synkretismus, kulturelle Identität und Kirchliches Bekenntnis* (Darmstadt: Wissenschaftliche Buch-gesellschaft, 1991). This was also the case during an International Congress on "Inculturation in Africa" in Heerlen, October 21-22, 1993. See F. Wijsen, F. and H. Hoeben, 'We are not a carbon copy of Europe,' *Inculturation. Abide by the Otherness...* 72-82, 76-77.

8. F. Verstraelen (ed.), *Oecumenische inleiding in de missiologie. Teksten en konteksten van het wereldchristendom* (Kampen: Uitgeversmaatschappij J. H. Kok, 1988) 23.

9. T. Sundermeier, 'Begegnung mit dem Fremden. Plädoyer für eine verstehende Missionswissenschaft,' *Evangelische Theologie* 50 (1990) 5, 390-400, 397.

10. Turkson and Wijsen, *Inculturation. Abide by the Otherness..*

11. Here I speak mainly from my experiences in Kenya and Tanzania. If my statements have a wider purport I base myself on study of literature.

12. J. Blomjous, 'Development in Mission Thinking and Practice, 1959-1980. Inculturation and Interculturation,' *African Ecclesial Review* 22 (1980) 293-298.

the basis of this culture.[13] The centre was founded in 1954 by the French-Canadian White Father David Clément, who was assisted in this task by a group of Sukuma people, the St. Cecilia Group.[14] In the beginning the aim was to translate the songs from Catholic liturgy into the Sukuma language and to use Sukuma melodies and rhythms.[15] Soon new songs were being composed.

Gradually the members of the St. Cecilia Group discovered that music is not the only medium that can be used in the communication of the gospel. Some members of the St. Cecilia Group founded the Sukuma Research Committee and started to collect information about herbs and healing methods used in local medicine. Later they started to collect utensils of chiefs and local healers. What had started from a pure religious interest developed into a collection that embraced the whole Sukuma culture. This is how the Sukuma Museum started. Very soon more and more activities developed round this museum. At this moment the centre consist of the Sukuma Museum, which tries to safeguard the material culture of the Sukuma people; a dance- and drum-troupe, which wants to pass on traditional Sukuma dances and rhythms to new generations; an educational centre, aiming at development on the basis of local culture; a handicraft centre, where young people learn crafts traditionally carried out by the Sukuma; a Sukuma Clinic, where Sukuma health care is integrated with Western medicine; Bujora Parish, which was meant to be an experiment in inculturation; and the Sukuma Research Committee, which is the think-tank behind all this.

The show-piece is the annual Corpus Christi procession that links up with the harvest festival.[16] In the past the Sukuma people celebrated a harvest festival in June. Before independence (1961) each Sukuma homestead brought 10% of its harvest to the Sukuma chief as an expression of respect and thanks. This included singing and dancing, and the royal drums were played. The festival coincided with Corpus Christi, the feast of the Body and Blood of Christ. As Christ is the King of the Christians, He can be honored in the same way as the former chiefs, who do not function anymore since independence. At least, this is what the founder of the Sukuma Museum thought. The monstrance is shaped as the throne of the chief and is decorated with all the royal marks of honour. During the procession the priest who carries the monstrance is accompanied by spear carriers, while children strew flo-

13. J. Lupande, *The Sukuma of Tanzania. Bujora Cultural Centre* (Denmark: Arnold Thomson A/S, 1994) 15.

14. D. Clément, 'The Research Committee at Bujora,' *Tanzania Notes and Records* 81-82 (1977) 75-78.

15. Bishop Blomjous was one of the pioneers in the field of liturgical adaptation. A. De Jong, *De uitdaging van Vaticanum II in Oost-Afrika* (Kampen: Uitgeverij Kok, 1995) 115-140. Even before the Second Vatican Council he promoted the translation of liturgical songs in the vernacular. J. Blomjous, 'Mission and liturgy,' *African Ecclesiastical Review* 1 (1959) 239-244, 241.

16. All Africa Press Service, 'Religious Plays Promote Inculturation of Gospel in Tanzania,' *News and Features Bulletin*, July 20, 1987, 1-2. Id., 'Bujora Village leads in blending culture and faith,' in *News and Features Bulletin*, January 29, 1990, 1-2.

wers. There is enthusiastic dancing, singing and drumming.

If this experiment is looked at from a distance, it must be admitted that since the seventies little new has been undertaken, that it lives on old fame, mainly thanks to the charisma of the founder, and that there is not much going on in the field of inculturation of the liturgy.[17] The second objective, development in a Sukuma way, has priority. This does not apply to Bujora only. Again and again researchers conclude that fruits of inculturation are hard to find in Africa,[18] that the African church is a 'container church,'[19] that she limits herself to passing on what she received from the missionaries,[20] that she has no programme for renewal,[21] that there is a general depression in the inculturation movement.[22]

Is this so because of the economic crisis in Africa, through which material development determines everything else? Yes and no! It is obvious that the African continent faces many economic problems and that the African churches are extremely busy with issues as justice and peace (figuring high in the 'African Synod'; we will see this later) through which they do not get round to the 'deeper adaptation' (Ad Gentes, 22) asked for by the Second Vatican Council. But there are also blockades in the pastoral and theological field.[23]

Obstacles on the side of ordinary faithful

What are the problems seen from the perspective of ordinary faithful? Or, to speak in terms of the communication model: What are the obstacles on the side of the receivers of the Christian message? Why do the Sukuma people not feel at home in the Catholic liturgy? Here we have to consider first of all the socio-economic condition of these people. As most people in Tanzania, and indeed most people in Africa, the Sukuma people are smallholders who are particularly concerned with everyday survival.

17. An exception can be made for the project that studies Sukuma proverbs in order to make them usable for liturgy and catechesis. See J. Healey, 'Proverbs and sayings. A window into the African Christian world view,' *Communicatio Socialis Yearbook* 7 (1988) 53-76. However, this project is on the fringe of Sukuma Cultural Centre.

18. E. Hillman, 'Missionary approaches to African cultures today,' *African Ecclesial Review* 22 (1980) 342-356, 345.

19. L. Magesa, 'Some Critical Theological and Pastoral Issues Facing the Church in East Africa Today,' *African Christian Studies* 4 (1988) 4, 43-60, 48.

20. E. Uzukwu, 'The African Synod. A view-point on the Lineamenta from English-speaking Africa,' *SEDOS-Bulletin* 23 (1991) 4, 97-104, 98.

21. A. Hastings, *African Catholicism. Essays in Discovery* (London-Philadelphia: SCM Press and Trinity Press International, 1989) 136.

22. De Jong, *De uitdaging..*, 178-180.

23. Concerning the conciliar mission theology Kealey says "that the consensus was deceptive" S. Kealy, 'Is Jesus the future of mission?,' *African Ecclesial Review* 32 (1990) 280-289, 282. Although it was recognized that churches had to be local the council fathers continued to see mission in terms of 'plantatio ecclesiae'.

1. The discussion about the symbols used in the Eucharistic celebration seems superseded. Yet, this is a fundamental problem that has not been solved so far. The Catholic Eucharist is a celebration round bread and wine. The Sukuma would use maize porridge and milk for their meal. In their eyes, bread and wine are typically Western, and so far as they are used in Africa, typically elite articles of food.

2. The Catholic liturgy has a fixed time and regularity. Sukuma rituals are performed if there is a need to do so. The obligation to celebrate Eucharist on Sunday does not fit in this pattern. The Sukuma people have two seasons. In the dry season they have plenty of time, in the wet season they have not. One informant told me, when I asked him why he did not come to church (in the wet season): "I rest from being a Christian for a while."

3. The Catholic liturgy has a fixed form. The Sukuma rituals are pluriform and dynamic. It can happen that the performer of a ritual stops suddenly to discuss with the participants how to continue the ritual. For the Sukuma the Catholic liturgy is dull.

4. Catholic liturgy is mere worship, to pay reverence and respect to God. For the Sukuma people worship has no value in itself. Worship is valuable as far as it does something to the people. As small-holders the Sukuma people cannot invest in things if there is no return. Liturgy is never only thanksgiving or honour, always also a supplication.

5. The Catholic liturgy celebrates Jesus as the Lord. The Sukuma people understand Jesus in a different way. Their understanding of truth is not exclusive, but holistic. One of my informants described this as follows: "All people have their own religion" and "all religions are good".[24]

6. The language of Catholic liturgy is abstract. The Sukuma understand liturgical language concrete. If, for example, Catholics before receiving Holy Communion, pray: "Lord, I am not worthy to receive you, but only say the word and I shall be healed," the Sukuma people will understand this literally. Also the term 'sacrifice of the mass' is understood literally. I will come back to this later.

The 'working misunderstanding,' elaborated above, does not mean that there is no inculturation. On the contrary! But here I have in mind the inculturation from-below as it takes form in the popular religion.[25] In August 1989, for example, I recorded the following song in a Sukuma village:

---

24. Kamati ya Utafiti wa Utamaduni, *Imani za jadi za kisukuma katika misemo, hadithi, methali na desturi za maisha* (Nantes: CID éditions, 1988) 307.

25. F. Wijsen, *There is Only One God. A Social-scientific and Theological Study of Popular Religion and Evangelization in Sukumaland, Northwest Tanzania* (Kampen: J.H. Kok, 1993).

"Let us go to the one who cures,
the Great Healer,
the Great Healer of our Souls.
He is the Great Healer of Eternal Life."

This song speaks about Christ as healer, which means a reinterpretation of the understanding of Christ.[26] It is noteworthy that the song identifies Christ with a local healer (in Swahili: 'mganga'), not with a Western educated doctor (in Swahili: daktari). This song would not be sung in the presence of a priest, as local healers ('waganga') are considered by the church to be the greatest enemies of Christ.

Obstacles on the side of ministers

Let us now look at this failure of communication from the other side, from the perspective of ministers. In terms of the communication model: What are the blockades on the side of the senders of the Christian message. Why do they find it difficult to be sender-oriented?

1. Churches have to become local, the Second Vatican Council said, but within the framework of the universal church. This means that contextuality is limited. Africans have difficulty with the 'universality' of the Roman church. This was clear in the reactions, among other things, to the promulgation of the Canon Law in 1983[27] and the World Catechism in 1992.[28]

2. When local churches engage in a dialogue with their surrounding cultures this will result in a multi-cultural and pluriform Christianity. This pluriformity is restrained straight away by a uniform ritual. Even the much praised 'Zairean Mass,' which was recognized by the Vatican in 1988, is officially called the 'Roman Rite for the Dioceses of Zaire'.[29]

3. Most ministers are trained in a deductive theology. They are not used to do theology from-below. For them the theory (theology) is fixed. It has only to be implemented into practice (pastorate). If there is a tension between

26. The official church favours concepts of Christ as Chief or Ancestor, while these cultural symbols have less relevance.

27. S. Bwana, 'The impact of the new code in Africa,' *Concilium* 22 (1986) 3, 103-109.

28. R. De Haes, 'Catéchisme de l'Eglise Catholique,' *Revue Africaine de Théologie* 17 (1993) 33, 117-123. For the same reason the announcement of a 'Special Assembly for Africa of the Synod of Bishops,' usually referred to as 'African Synod,' on 6 January 1989 evoked mixed feelings. Uzukwu, 'The African Synod'; J. Ukpong, 'A critical review of the 'Lineamenta' on the Special African Synod,' *Concilium* (1992) 1, 68-80.

29. It may be asked why it has not been investigated if the Eastern Rite, as used in Coptic Churches, is more useful for the Catholic Church in Africa.

'sensus fidelium' and magisterium,' the 'magisterium' is the norm. The 'sensus fidelium' is always subordinated.

4. Most ministers see themselves as manager of an organization, more than shepherd of a herd. This is also because in many areas the increase of the number of diocesan priests does not keep pace with the decline of the number of missionaries, and that the number of catholics per priest increases de facto.

5. Moreover, many ministers are confused by the developments in the world. They ask themselves: inculturation in what culture? In the Sukuma Cultural Centre Danish young people learned traditional Sukuma dances, while the Sukuma youngsters were watching, listening to sound cassettes of Bob Marley and Michael Jackson. Do local cultures disappear by the globalization process, or not? What sense does it make to invoke ancestors in the Eucharistic prayer, if ancestor beliefs disappear?

6. We have to reconsider also the societal position of the ministers. They mostly depend on themselves, because of the self-reliance policy of the Catholic Church in East Africa.[30] As they cannot pay more luxury articles from the church contribution of the faithful they are driven towards the well-to-do who have a European lifestyle. Moreover, many ministers come from poor families. Working for the 'largest multinational of the world' gives status. Many priest have more contacts with colleagues in the West than with fellow faithful in their own parish. Seen from their societal position it is not surprising that they show little interest in inculturation.

I limited myself to the liturgy in which the ordained minister conducts the service. I ignore the 'services without a priest' conducted by catechists here. What I have seen from them is that they do not go beyond a strict implementation of ecclesial rules.

A legacy of the past

The present-day depression has roots in the past.[31] The Second Vatican Council affected the Catholic Church in Eastern Africa. But the real changes had taken place before the council. First, in the late fifties there was an increasing sense of the need for more Africanization in the religious field. As the church grew faster and faster, the clerical control over the lives of its members inevitably relaxed. An existential mix between Catholicism and African religion became apparent and there was an increasing need of new

---

30. This means among other things that parishioners have to provide for their priests, that priests get no salary from the diocese, except mass stipends.

31. Hastings, *African Catholicism*, 122-137.

approaches.[32] Second, in the political field the process of decolonization and nation building began with the rise of African leaders and their ideologies.[33] Thus the aggiornamento of the Council fitted very well with the mood of change in Africa.

But already during the council a division of the attitudes towards Africanization became visible. Most bishops from African dioceses were Europeans.[34] They naturally got along with the bishops and periti from their home countries, who breathed the air of the 'nouvelle théologie'. The mission bishops saw this as appropriate also for their dioceses in Africa. There were, however, at least some African bishops who had been trained in Rome and who identified almost entirely with the Roman view of things. They saw too much Africanization as undesirable.

This did not alter the fact that after the Council radical changes were taking place, in liturgy and catechetics, in ecumenical relationships and development work. However, in almost all these fields expatriate priests were taking the lead.[35] By the end of the sixties Rome was becoming increasingly alarmed by the radicalization of the renewal. By appointing native bishops it hoped to relieve the pressure for radical change. And indeed, this was what happened.[36] In comparison with the Catholic church in East Africa in the sixties, striving for renewal and Africanization, that of the seventies and eighties had become conservative, in the sense that it followed the line preferred by Rome.[37]

This ecclesiastical development must be seen in the context of the situation in Africa as such. Whereas the sixties were years of moderate progress, in the years to come things went from bad to worse. For the local churches plain survival became their major concern. This was not an atmosphere in which the renewal of the Catholic church was likely to flourish. In this situation the bishops felt strongly that they needed the support from Rome. To lessen the link with Rome by opting for a decentralized and localized church would have been unwise indeed. Rome was their last resort.

32. Bujora Parish, founded as an experiment in 1954, is an example. In 1959 Bishop Blomjous founded for his diocese a Pastoral Institute in Bukumbi. Later this institute got a national function.

33. Think of people as Kwame Nkrumah (Ghana), Kenneth Kaunda (Zambia), Julius Nyerere (Tanzania), Jomo Kenyatta (Kenya), Seke Seko Mobutu (Zaire).

34. Bishop Joseph Blomjous turned out to be one of their major spokesmen during the council.

35. Under the leadership of Aylward Shorter, the Pastoral Institute of Eastern Africa (Gaba), for example, composed the All Africa Eucharistic Prayer in 1969, and eucharistic prayers for Uganda, Kenya and Tanzania in 1973.

36. The successor of Bishop Blomjous, Bishop Renatus Butibubage, transferred Father David Clément to another parish because in his view Father Clément went too far and shocked the people by his thoughtless adaptations of Christianity.

37. De Jong says that only few innovations get of the ground and that the inculturation process gets hardly new impulses. De Jong, De uitdaging van Vaticanum II..., 179-180.

The 'African Synod'

Can it be concluded then that the Vatican does not want inculturation? Absolutely not! That the liturgy in Africa has to be inculturated is no point of discussion. No less a person than Pope Paul VI said at the closing ceremony of the first meeting of the 'Symposium of Episcopal Conferences in Africa and Madagascar':

> An adaptation of the Christian life in the fields of pastoral, ritual, didactic and spiritual activities is not only possible, it is even favoured by the church. The liturgical renewal is a living example of this. And in this sense you may and you must have an African Christianity.[38]

Here it has to be considered that the word 'inculturation' only appears in official Vatican documents in 1979,[39] but that the term 'adaptation' refers to the Africanization of Christianity, as the last sentence shows.

Several documents have confirmed this, recently the documents that were produced before, during and after the 'African Synod'.

The 'Instrumentum Laboris' that was published before the synod says (No. 58):

> It is in the domain of liturgy that the great majority of attempts at inculturation have been undertaken. The development moved rapidly from simple adaptations to creative efforts. Several initiatives may be mentioned.

If the initiatives that are mentioned are looked at, these are typically examples of 'adaptation':
- a rediscovery of the importance of the Word of God
- usage of the vernacular
- use of African art in liturgical clothing, in decorating places of worship and in the sacred vessels; and
- use of traditional forms to express certain elements of the faith: drum strokes, hand-claps, dancing and body language.

During the Synod there were 212 oral interventions and 9 written. The theme of 'justice and peace' figured highest with 39 interventions.[40] The theme of 'inculturation' took the second place with 34 interventions. The participants recognized that there has still a lot to be done in the field of inculturation.

---

38. Pope Paul VI, 'Adress at the Closing of the All African Bishop's Symposium,' *African Ecclesial Review* 11 (1969) 402-405, 405. The value of African cultures was already recognized by Pope Paul VI (1967) in his Apostolic Exhortation 'Africae terrarum,' No. 17.

39. The term 'inculturation' was used by Pope John Paul II for the first time in a speech for the Pontifical Bible Commission, and appeared for the first time in his Apostolic Exhortation 'Catechesi tradendae,' No. 53.

40. Here it has to be considered that the 'African Synod' was held in a time that in Ruanda massive massacres took place.

After the Synod 64 'propositiones' were offered to the Pope as a result of the discussions that took place. 10 'propositiones' dealt with inculturation, one of which with the inculturation of the liturgy (No. 34). The text reads as follows:

> The inculturation of the liturgy, provided it does not change the essential elements, should be carried out so that the faithful can better understand and live liturgical celebrations. Therefore we recommend that those parts of the liturgical celebration that can be changed to bring about an intelligent, conscious and significant participation, are inculturated in accordance with the guidelines agreed upon. May the different cultures gradually open themselves for the gospel. May the liturgical rites in their turn be barriers not only of artistic beauty, but also of the Christian message.

The first sentence of this proposition has been copied literally in the Apostolic Exhortation 'Ecclesia in Africa,' No 64, in which the results of the 'African Synod' have been worked up by Pope John Paul II.[41]

The passage "provided it does not change the essential elements" is in the framework of this contribution of great importance. For this is exactly where the shoe pinches. What is essential and what is not? Who decides this? On the basis of what? Is the understanding of what is essential determined historically and culturally, or not? What is seen as inculturation by one person may be interpreted as a form as syncretism by another.[42]

What is inculturation?

The question is then: What is exactly inculturation? In answering this question we will first look at the mission history and ask ourselves in which context this word is used. Next we go into the missiological debate that underlies the use of this word and the missionary practice that follows from it.

1. The first missionaries came to Africa to bring the so called 'pagans' the Light of Christ. They presupposed that the 'pagans' lived in the shadow of the dead, as they did not know the true God, and that they were lost for ever unless they converted to the church. For 'outside the church there is no salvation'. 'Conversion' is the key word of this mission method.[43] It means

41. During his travel through Africa in which the Pope presented the results of the 'African Synod' he made a strong plea for inculturation "being faithful to the teachings of the Roman Catholic Church." Pope John Paul II, *Post-Synodal Apostolic Exhortation 'Ecclesia in Africa'* (Nairobi: Paulines Publications, 1995).

42. Many who saw the stately opening of the 'African Synod' in Rome (on the spot or on the television) were impressed by the beauty of the African garbs, the nice dance and music. But inculturation? No!

43. Also the words 'transplantation' and 'translation' are used. This mission method implies that African religion is abolished and replaced by an 'unadapted' European Christianity.

that the 'pagans' have to turn, that they have to leave the 'way of the ances-tors' and that they have to be brought to the church in order to be saved from eternal damnation.

Charles Lavigerie, founder of the White Fathers, taught his missionaries that everyone can distinguish good from evil on the basis of the 'natural law,' common to all people. But sin confuses people. There is only one way to know the true religion. This is the revelation. And there is only one revealed religion, namely the Christian religion.[44]

2. Mainly between the First and the Second World War a new approach grew. The aim remained more or less the same, but the way to achieve it changed. Still the missionaries wanted the 'pagans' to enter the church. But the church could meet the 'pagans' by adapting its externals, for example language, symbols and rituals in the liturgy. The key word of this mission method is 'adaptation,' also called 'accommodation'. It refers to a moderate form of dialogue with African religion.

A well-known example of this new mission method is the Belgian Francis-can Placid Temples.[45] First he worked for ten years in a traditional way, having the bible and the catechism in his hands. When he noticed that the Africans were not interested in his message he started to study their world picture. In this way he got more and more insight into what inspires and motivates people. He started to use this insight in his sermons and catechesis.

3. Although most native and expatriate bishops from Africa still spoke in terms of 'adaptation' during the Second Vatican Council, already before the Council a new mission approach grew. The point in this appraoch is no longer the transplantation of Christianity to Africa, but the incarnation of Christ in Africa. Christ was already present in Africa before the missionaries came.[46] The key word in this approach is 'incarnation,' since the late seven-ties also called 'inculturation'. It stands for a more radical form of dialogue with the African culture.

This new approach was formulated in a sharp way by John Taylor, a missionary of the 'Church Missionary Society'. In his book 'The Primal Vision' he says:

Either we must think of the Christian Mission in terms of bringing the Muslim, the Hindu, the Animist into Christendom, or we must go with Christ as he stands in the midst of Islam, of Hinduism, of the primal world-view, and watch with him,

44. Ch. Lavigerie, *La mission universelle de l'église. Textes présentés par X. de Montclos* (Paris: Les éditions du Cerf, 1991).

45. Pl. Tempels, *La philosophy bantoue* (Paris: Présence Africaine, 1949).

46. This was also the tenor of the message of Pope John Paul II during his presentation of the Apostolic Exhortation 'Ecclesia in Africa' at Yaoundé, on September 14, 1995, where he said: "Inculturation is everything that confirms the presence of Christ in your African cultures."

fearfully and wonderingly, as he becomes – dare we say it? – Muslim or Hindu or Animist.[47]

This idea was taken up by the African Bishops at the 1974 Synod in Rome on 'Evangelization in the Modern World'. After this Synod the bishops of Africa and Madagascar declared:

> Following this idea of mission, the bishops of Africa and Madagascar consider as being completely out-of-date, the so-called theology of adaptation. In its stead, they adopt the theology of incarnation.[48]

4. While the debate between representatives of the 'adaptation' model and the 'inculturation' model continues and at present revives,[49] especially since the seventies a new model develops. There is no Africanization of Christianity if Africa remains dependent on the West. The key word in this approach is liberation, freeing Africa from ties in the economic, political, cultural and religious field.

As an example Canon B. Carr[50] can be mentioned with his plea for a moratorium: "Leave us alone for a while, so that we may be able to discover ourselves, and you, in Jesus Christ." This plea was picked up especially by the Protestant churches in Africa.[51]

Recently a new approach developed under the heading 'reconstruction'. The dilemma between 'inculturation' and 'liberation' is based on the Western dualism of body and soul, and has to be conquered. For this a pastorate is needed that orients itself not towards the exodus from Egypt, but towards the entry into the Promised Land and the necessity to build it up.[52]

The missiological debate

Within the missiological reflection on the encounter of Christian faith and African cultures, inclusive their religions, we can distinguish four basic attitudes. Four models in the missionary practice correspond to these. They

---

47. J. Taylor, *The Primal Vision. Christian Presence amid African Religion* (London: SCM Press, 1963) 113.

48. Statement of the Bishops of Africa, *African Ecclesial Review* 17 (1975) 56-59, 58.

49. The revival of the debate is the result of the rapid growth of the Evangelical movement in Protestant circles and the publication of the Encyclical Letter 'Redemptoris Missio' within the Catholic Church.

50. B. Carr, 'The Mission of the Moratorium,' *AACC Bulletin* 8 (1975) 1.

51. The Catholic theologian Laurenti Magesa approved this plea by saying: "A moratorium on simply everything: financial assistance; personnel; liturgical and prayer books; theological treatises; orders and directions from abroad – everything." L. Magesa, *The Church and Liberation in Africa.* Spearhead 44 (Eldoret: Gaba Publications, 1976) 30.

52. J. Mugambi, 'The Future of the Church and the Church of the Future in Africa,' in J. Chipenda, A. Karamaga, J. Mugambi, C. Omari, *The Church of Africa* (Nairobi: All Africa Conference of Churches, 1991) 29-50.

imply a growing recognition of their own identity and right to exist of African cultures.[53]

1. According to some theologians there is no (or only distorted) revelation and no salvation in African religion, as Christianity is the only true religion. There is no continuity between African religion and Christianity, no common ground nor meeting point. These two religions exclude each other. Therefore this model is called the exclusivistic model. Examples of this attitude are Byang Kato and Tokunboh Adeyemo.

Byang Kato wants to avoid syncretism, universalism, and Christo-paganism.[54] By universalism he means the belief that all men will be saved, whether they believe in Christ or not. According to Kato, however, it is not arrogance to herald the fact that all who are not 'in Christ' are lost. It is merely articulating what the Scriptures say.[55]

This is also the view of Tokunboh Adeyemo.[56] He tenaciously holds to the primacy of God's Word. Jesus says: "I am the way, the truth and the life; no one goes to the Father except by me" (John 14, 6) and Saint Peter (Acts 4, 12) adds: "for there is no other name under heaven given among men, whereby we must be saved".[57]

If it is presupposed that Christianity is the only true religion, it will be admitted that African religions are 'false' forms of religion. In practice this leads to a mission method aiming at 'displacement' or 'abolishment' of the African religions.

2. Other theologians hold that there is revelation in African religion, as all people are created in the image of God. But there is no salvation in the African religions, as salvation is only in Christ. This is called the dialectical attitude. This is the opinion of Charles Nyamiti and John Mbiti.

Charles Nyamiti holds that African concepts can be used in the explanation of Christian teachings.[58] But this requires a rigorous criticism of the African elements. For, along with positive factors, African traditional religions and customs are permeated with superstition. Christian doctrines reveal a totally new kind of relationship between God and man. This shows how prudent one must be when trying to relate African traditions to those of Christianity.

---

53. Hereafter I limit myself to some (East) African theologians as far as they reflect on the relationship between African religion and Christian message. This is not always the case. See further Wijsen, *There is Only One God*, 171-182.

54. B. Kato, *Biblical Christianity in Africa* (Achimota: Africa Christian Press, 1985) 11.

55. B. Kato, *Theological pitfalls in Africa* (Nairobi: Evangel Publishing House, 1975) 16.

56. T. Adeyemo, 'The Salvation Debate and Evangelical Response,' *East Africa Journal of Evangelical Theology* 2 (1984) 2, 4-19.

57. T. Adeyemo, *Salvation in African Tradition* (Nairobi: Evangel Publishing House, 1979) 96.

58. Ch. Nyamiti, *African Tradition and the Christian God.* Spearhead 49 (Eldoret: Gaba Publications, 1977). Id., *The Way to Christian Theology for Africa* (Eldoret: Gaba Publications, 1978).

Although John Mbiti recognizes a certain revelation in the African religion from the very beginning, he does not see any salvation in African religions.[59] Later he does, but in a highly ambiguous way. There is salvation in African religions, but no salvation from death. Only through Christ death is conquered and eternal life is possible.[60] This is the unique offer of Christianity to Africans.

If the view is held that there is salvation in Christ only, it will be admitted that African religions are just partial ways of salvation. In practice this leads to a mission method aiming at a fulfillment and completion of the African religion by Christianity.

3. A third group of theologians says that there is revelation and salvation in African religions. Christ himself is the constitutive cause of this salvation. This is where the name inclusivistic model comes from. Christ is already at work in the other religions. But the highest revelation and the fullest salvation is in Christianity. Patrick Kalilombe and Laurenti Magesa can be mentioned as examples here.

An evangelizer does not offer something that is completely new to his fellow men, because God is already present among men through his Spirit, thus Patrick Kalilombe.[61] The evangelizer works 'in continuity' with what the Spirit has been doing among men. Therefore the evangelizer has a sincere respect for all the religious expressions of mankind.

Starting from creation theology, Laurenti Magesa admits that there is salvation for all people.[62] However, because of the rebellion of humanity against its Creator, he sees a special mission for Israel and Jesus, continued by the church, namely to demonstrate man's ultimate destination. But this does not alter the fact that all 'people of good will' will be saved.

If the view that the 'highest revelation' and 'fullest salvation' are in Christianity is supported, it will be admitted that African religions are 'imperfect' ways of salvation. In practice this leads to a mission method that aims at 'purification' and 'perfection'.

59. J. Mbiti, 'Our Saviour as an African Experience,' in: B. Lindars and S. Smalley (eds.), *Christ and Spirit in the New Testament* (Cambridge: Cambridge University Press, 1973) 397-414. Id., 'Some Reflections on African Experience of Salvation Today,' in: S. Samartha (ed.), *Living Faiths and Ultimate Goals. A continuing dialogue* (Geneva: World Council of Churches, 1974) 108-119.

60. In 1980 Mbiti admits that he no longer uses the word "only" with respect to revelation in the scriptures. He then rejects the distinction between a general and a specific history of salvation. Therefore the later Mbiti can be seen as an example of the third model. J. Mbiti, 'The Encounter of Christian Faith and African Religion. How my mind has changed,' *Christian Century* 97 (August 27) 1980, 817-820.

61. P. Kalilombe, 'Evangelisation and the Holy Spirit,' *African Ecclesial Review* 18 (1976) 8-18. Id., 'The Salvific Value of African Religions,' *African Ecclesial Review* 21 (1979) 143-156.

62. L. Magesa, 'Evangelisation,' *African Ecclesial Review* 24 (1982) 354-362. Id., 'Who are "the people of God"?,' *African Ecclesial Review* 26 (1984) 204-212.

4. Finally there are theologians who say that there is revelation and salvation in African religions. However, there is no 'but'. All religions are unique, though relative ways of salvation. If one religion is better than the other it can be judged only from the 'fruits of the spirit'.[63] This attitude is known as pluralistic model and is represented in Africa by people as Samuel Kibicho and Anatole Byaruhanga-Akiiki.

Samuel Kibicho holds that there is a radical continuity between African religion and Christian message, that this continuity should be the starting point for African theology and that this requires a radical reinterpretation of the Christian concept of revelation, salvation, evangelization, Christ and the other religions.[64]

Anatole Byaruhanga-Akiiki is convinced that with its spiritual-religious heritage of 25 million years African worship is highly experienced compared to Christian worship of only two thousand years.[65] To him survival is at the heart of religion. Since African Indigenous Religion offers that, in participation, initiative, love, care, and respect for others, it qualifies for a salvific religion. The church did not contribute much to the understanding of God in Africa.

If the view that there is salvation in other religions independently of Christ is supported, it will be admitted that African religions are 'full' and 'fully saving' religions.[66] This leads in practice to a mission method that aims at 'mutual enrichment' and 'critical interrogation' of religions.

For the sake of completeness it is mentioned that there is a fifth model. In reaction to those who wish to abolish indigenous religion in Africa the adherents of this model want to abolish Christianity in Africa. They hold that there is more salvation in African religion than there is in Christianity and hold the world religions responsible for religious intolerance in Africa.

This is the opinion of people as Okot p'Bitek and Kamuyu wa Kangethe who wish to return to the way of the ancestors.[67] Their device is: "Revive African Cultural Heritage in order to liberate people from cultural and religious domination of Judeo-Christian Western Culture and Religion".[68]

---

63. Ultimately 'empirical evidence' is in their theology the criterium for judging the truth of religious assertions.

64. S. Kibicho, 'The Teaching of African Religion in our Schools and Colleges and the Christian Attitude towards this Religion,' *Africa Theological Journal* 10 (1981) 3, 29-37. Id., 'Revelation in African Religion,' *Africa Theological Journal* 12 (1983) 3, 166-177.

65. A. Byaruhanga-Akiiki, *Spirituality in African Tradition*. BOLESWA Occasional Papers on Theology and Religion. Number 1 (University of Botswana, Lesotho and Swaziland, 1988). Id., 'African traditional values for human development,' in: J. Agbasiere, B. Zabajungu (eds.), *Church Contribution to Integral Development* (Eldoret: Gaba Publications, 1989) 45-62.

66. 'Independence' is the key word in their view of the relationship between African religion and Christian faith.

67. Okot p'Bitek, *African religions in Western scholarship* (Nairobi: Kenya Literature Bureau, 1970). Kamayu wa Kangethe, 'Revive African Cultural Heritage,' *Orientation. The Journal of Religious Studies in Kenya* 1 (1976) 2.

68. Kamayu wa Kangethe, 1.

Towards a pluralistic theology

In an evaluation of the theological interpretations of the relationship between Christian faith and African culture, identity and relevance have to be considered. The question is if the interpretations are faithful to the Christian tradition and if they are adequate in the factual situation. For a missiologist whose main interest is, as said before, to discover and abide by the own identity of the other, the adequacy will be measured mainly according to the extent in which the models promote or hinder communication.

Concerning the exclusivistic and dialectical point of view we are of the opinion that they are not very usable, that they are moreover not faithful to biblical and early Christian concepts, that leave more room for dialogue. Think of the Logos christology of St. John and St. Justin.[69]

As far as we know now, the inclusivistic model is most faithful to the Christian tradition. But in practice this model causes many problems for the missionary. For, ultimately one continues to hold to the superiority and normativity of the Christian faith. This makes a real communication with believers of other faiths difficult, if not impossible.

If it is presupposed that inculturation consists of a purification of culture by the gospel then the communication between Christianity and African religion remains a one-way traffic,[70] a 'propagation of the faith' instead of a dialogue between believers. The other side of the story, in which the Christian tradition is reinterpreted in the light of the cultural heritage will be rejected as 'syncretism,' as an "unlawful mixture of Christian teachings and African traditional beliefs".[71] Yet, this reinterpretation is a part of the inculturation process. Purification of the culture and reinterpretation of the Christian tradition are two sides of the same coin.

The Apostolic Exhortation 'Ecclesia in Africa' says in No. 64 that the inculturation of the liturgy must be realised "provided it does not change the essential elements." This text starts from the theory that makes a distinction between kernel and husk of the gospel. The essence then is the eternal and unchangeable contents of the gospel.[72] But this theory is untenable. We do not know the gospel apart from historical mediations and cultural expressions.[73]

The contemporary communication science has taught us that communication is not a linear process (sender > message > receiver) but that communication is a mutual process in which sender and receiver exchange informa-

69. Yafunani bin Asilia, 'Experiment and problems of Inculturation,' *Pastoral Orientation Service* (1984) n. 6, 1-18.

70. Ukpong, 'A critical review...,' 71-73.

71. Nyamiti, 'A Critical Assessment...,' 7.

72. Ch. Nyamiti, 'My Approach to African Theology,' *African Christian Studies* 7 (1991) 4, 35-53, 40.

73. J.-B. Metz, 'Unity and Diversity. Problems and Prospects for Inculturation,' *Concilium* (1989) No. 4, 79-89, 80-82.

tion in order to reach a mutual understanding.[74] Thus the receiver is not passive and the message not static. The receiver has an active role in the creation of the message as he or she decodes the message within his or her frame of reference.[75]

Missiologically speaking this means that the missionary does not possess a Christian message that must be brought to the non-Christian as effectively as possible. The message is brought about within the interaction between the missionary and the believer of another faith. In this interaction new insights occur and both parties change. Therefore contemporary missiology holds that mission is 'mutual conversion in dialogue with the other'. Thus, syncretism is inevitable in the missionary process,[76] and has always been in evitable, as also the evolution of the gospels and the history of the church shows.[77]

It is our contention that inculturation in the sense of interaction between gospel and culture is only possible within the pluralistic model.[78] By pluralism we do not mean relativism. We do not deny that real dialogue includes confrontation, that the gospel does not criticize culture. But this confrontation is mutual, and concerns the Christian faith as well.

The question is, however, if such an opinion can be justified in the light of the Christian tradition. Kibicho thinks that it can.[79] He says that a pluralistic theology of religions is not in opposition to the New Testament message. It asks a reinterpretation of the Christian faith. But this reinterpretation started already in the New Testament itself. When the belief in Jesus as Saviour spread in non Jewish contexts, Jewish apocalyptic concepts were translated into Greek gnostic ideas.

The same radical reinterpretation occurred when Christianity spread to Northern Europe. Then the Christian faith was understood in terms of Greek European metaphysics with its exclusivistic concept of truth. As the Christian faith spreads in the context of the non Western world in our days, a reinterpretation is needed again. This reinterpretation leads from a dualistic towards a holistic understanding of truth, which is characteristic for most non Western peoples.

---

74. Th. Sundermeier (Hrsg.), *Die Begegnung mit dem Anderem. Plädoyers für eine interkulturelle Hermeneutik* (Gütersloh: Verlag Gerd Mohn, 1991) 29.

75. Wijsen, *There is Only One God...*, 23-31.

76. It is the merit of Leonardo Boff that he noticed the necessity of syncretism in the evangelization process and that he contributed to a positive understanding of this by theologians. L. Boff, *Kirche: Charisma und Macht* (Düsseldorf: Patmos Verlag, 1985) 162-194.

77. Contemporary bible scholars teach us that there is not only development in the New Testament, the gradual unfolding of knowledge that was already there, but also evolution, the emergence of really new insights.

78. In our view the fifth model, which aims at the abolition of Christianity in Africa, is not adequate. Within this model an interaction between Christian faith and African culture is impossible.

79. S. Kibicho, *The Kikuyu Conception of God, Its Continuity into the Christian Era and the Question it raises for the Christian Idea of Revelation*. Ph.D. Thesis. (Nashville: Vanderbilt University, 1972) 342-360.

The need of a real African liturgy

If the God of the bible and the God of Africa are the same, if Africans have the right to worship God in their own African way, which is the consequence of the pluralistic theology, what does this mean for the inculturation of the liturgy in Africa? It means that African prayers and rituals have a right of their own to exist besides the Christian prayers and rituals, and that room can be made for them within the Christian liturgy.

An interesting case is the 'service of healing'. In a real African Eucharistic celebration this should have an independent place besides and equal to the 'service of the Word' and the 'service of the Sacrament'. This is necessary because in many African cultures sacrifice is connected with healing.

Illness is never only an individual problem in Africa. Illness has to with disturbed relationships within the community. Thus it is also a social problem. The community in Africa involves the 'living dead' (ancestors). Therefore illness is not only a physical, but also a spiritual problem. Sacrifice is one of the main means in Africa to restore relationships with the ancestors and with each other in order to obtain well-being and prosperity.[80]

In many African Independent Churches and – paradoxical enough – in many Pentecostal Churches the 'service of healing' has been integrated into the liturgy. Here healing is connected with the proclamation of the Word (Jesus as healer and exorcist), prayer (request of God's help) and laying hands on people.[81] In the Catholic church healing ministry occurs sporadically, mostly after the Eucharistic celebration or in special prayer services that are not much different from those of the Pentecostal Churches.[82] How controversial this is within the Catholic church appears from the fate that hit Archbishop Emmanuel Milingo from Zambia or the Tanzanian Priest Felician Nkwera, who are accused of syncretism again and again.

Epilogue

Inculturation, dialogue and liberation are high priorities in the missionary agenda. In order to discover what dialogue means very often the churches in Asia are looked at; to discover what liberation means the churches in South America are looked at; to discover what inculturation means the churches in Africa are looked at. Maybe this is the reason why the organizers of this congress asked a missiologist to speak about the inculturation of the

---

80. Ch. Okoye, 'The Eucharist and African culture,' *African Ecclesial Review* 34 (1992) 272-292, 279-280 and 286-288.

81. J. Leferink, *Independent Churches in Ghana*. Africa Dossier No. 32 (Brussels: Pro Mundi Vita, 1985) 12-14 and 31-33.

82. A. Shorter, *Jesus and the Witchdoctor. An Approach to Healing and Wholeness* (London-Maryknoll: Geoffrey Chapman and Orbis Books, 1985) 190-195. G. Ter Haar, *Spirit of Africa. The Healing Ministry of Archbishop Milingo of Zambia* (London: Hurst and Company, 1992) 153-155.

liturgy in Africa? Maybe they thought to receive guidelines for the inculturation of the liturgy in Europe?

If we look at the reality in (East) Africa the results of inculturation are very poor. Maybe the 'Zairean Mass' is an exception (see, however, my earlier comment on this). But if we look at the rest of Africa, the inculturation of the liturgy exist only on paper or is practiced in experimental centres, specifically founded for this purpose.[83] The 'Sukuma Cultural Centre,' which I took as my starting point, is just one example.

I wanted to be realistic in this contribution. Too often missiologists projected in a romantic way in the Third Church what they missed at the home front. Not long ago missiologists spoke about South America as the continent of liberation theology and about East Africa as a paradise of small Christian communities. Now it becomes clear that they idealized the situation in these continents.

Cannot Christians in Europe learn anything at all from their fellow faithful in Africa? Yes they can! But here I look especially at the ordinary faithful and their inculturation from-below. What we can learn form Christians in Africa is their understanding of religious truth. Africa has a long tradition of religious tolerance. Hospitality and respect for others are high values. In the view of Africans the truth of the Christian message does not exclude the truth of African religion. They interpret truth not in terms of "either – or," as people in Europe use to do, but in terms of "and – and."

In the beginning of this article I said that I wanted to look for a new theory (theology) that could give impulses to a new practice of inculturation. Christians in Africa taught us a pluralistic understanding of faith that makes possible a true inculturation. If the church officials would accept this understanding of faith as more adequate and authentic Christian, the Church in (East) Africa could go beyond the general depression in the inculturation movement.

Heugemerstraat 223 A   Frans WIJSEN
6228 AP Maastricht
Pays-Bas

---

83. E. Uzukwu, 'Inculturation and the Liturgy,' in: R. Gibellini, *Paths of Africa Theology* (London: SCM Press, 1994) 95-114, 104.

QL 77 (1996) 96-108

LITURGY AND INCULTURATION
IN THE CHINA MISSION (1870-1940):
IN THE SHACKLES OF THE RITES CONTROVERSY

The study of the liturgy is a fascinating but hitherto too little investigated element in research into the missions. Nevertheless, the liturgy touches one of the most essential aspects of the experience and the expression of the faith, namely, the vertical relationship with the divine. From this point of view, the liturgy is an extremely relevant datum to what is called inculturation research.

In the past, the ecclesiastical hierarchy was quite reluctant to accept adaptations that might threaten the essence of the faith. As a reaction to the liturgical changes of the Reformation, the Council of Trent (1545) decreed a new uniform liturgy that was able to be maintained until the middle of the 20th century. Since the beginning of this century, the Liturgical Movement has striven for a more active participation of the faithful in the liturgy. However, it was only the Second Vatican Council and its Constitution on the Liturgy of 4 December 1963 that opened the way to a renewed and more participatory liturgy. Both in Europe and in the mission countries, this has led to a better adaptation of the liturgy to the particular nature of the people.[1]

The present article is based in particular on research centered on the Belgian Franciscans in China between 1870 and 1940. Use was made of the archives of *Propaganda Fide* in Rome, the Franciscan archives in Sint-Truiden, Rome and Venice, and the archives of the Belgian and French Ministries of Foreign Affairs.[2] The major influence of the past in this debate justifies a brief historical introduction to the Catholic missionary presence in China. I will also discuss a number of methodological problems as regards the relationship between missionary work, the liturgy, and inculturation research. Finally, in order to investigate the relationship between the liturgy and the indigenous culture as it developed in the missionary praxis of the Belgian Franciscan vicariate, I will examine the historical evolution, the differences between policy and missionary praxis, and the place the liturgy occupied in the cultural policy of the mission.

---

1. J. Lamberts, *Hoogtepunt en bron. Inleiding tot de liturgie.* UTP-Studies. (Averbode: 1991) 110-132.

2. C. Dujardin, *Missionering en moderniteit: spanning tussen missiologie, beleid en missie-praktijk. Het vicariaat van de Belgische minderbroeders in Zuidwest-Hubei (China), 1872-1940.* 2 vol. (Leuven: 1994). [Will be published in the series KADOC-studies in the fall 1996]. For the references to the archives, we use following abbreviations: STOFM (Friar Archives, Sint-Truiden, Belgium), AGOFM (Friar Archives, Rome), SCPF (Archives of the Propaganda Fide, Rome), VENOFM (Friar Archives, Venice).

1. The call of the Far East: Four Catholic mission waves to China

The missionary contacts between East and West have a long tradition that goes back to the 7th century. The Nestorians are said to have converted large groups of Chinese in the region of X'ian, then the capital. Apart from a stone with as yet undeciphered inscriptions, no material evidence has been preserved.

There are more sources for the missionary activities of the Franciscans during the 13th century. Because of the forays of the Mongols into Eastern Europe and even Germany, a number of Franciscans journeyed to the Far East in the late 13th and 14th centuries as emissaries of the Pope. Joannes de Montecorvino (1247-1328), in particular, was successful in his enterprise. He succeeded in finding favor with the Mongolian Yuan Dynasty and, in 1307, was consecrated Archbishop of Khan-baliq (Beijing) and Patriarch of the East by order of Pope Clement V. The change of regime in 1368, whereby the Chinese Ming Dynasty took over the rule of the Mongols, was an important factor in the decline of the mission, which, at its high point, is reported to have had some 30,000 followers.

1.1. The third wave

The best-known missionary movement to China is that of the Jesuits during the 16th and 17th centuries. St. Francis Xavier, who had already done successful missionary work in East India and Japan, was the first to develop a consistent method of converting China. However, he died before he could go to the continent, and it was left to his successors to put his ideas into practice.

The missionary method of the Jesuits consisted of a kind of "adaptation" *avant-la-lettre*. By immersing themselves as much as possible in the Chinese culture and customs, they tried to create the conditions to make easy conversion to Catholicism possible. In their methods of the apostolate, the liturgy occupied a central place. Thus, they request permission to wear a head covering during the liturgy. This Chinese custom was approved by Rome in 1615. In time, they even intended to replace the Latin liturgy with one that was more adapted to Chinese customs.

The Jesuits focussed primarily on the intellectuals, the most respected class in China, because they — in view of the strongly hierarchical structure of the society — could assure that Catholicism would be widely disseminated. With their scientific knowledge, they succeeded in acquiring an influential place at the Imperial court. Matteo Ricci achieved the position of astronomer of the Emperor. Adam Schall, Ricci's successor, succeeded in 1629 in accurately predicting solar eclipses, which gave him great prestige among the leading classes in Beijing. In spite of the power shift in 1643, he was able to retain his function of imperial astronomer. Under the Manchu Dynasty, the prestige of Catholicism reached its zenith. The influence of Ferdinand Verbiest, Schall's successor, on Emperor Kangxi was here a factor, and the edict of religious freedom, proclaimed in 1692, can serve as its symbol.

In the middle of the 17th century, other orders began to send missionaries to China. The Franciscans worked primarily in the Jiangxi, Shandong, Shanxi, and Shaanxi Provinces, while the Dominicans concentrated on the Fujian region. The Augustinians were active in the southern provinces, while the French *Missions Étrangères de Paris* established themselves in the Sichuan Province.

1.2. Heritage of the rites controversy

With the arrival of the new orders, the seeds were sown for the rites controversy. Gradually, a controversy developed about the so-called adaptive method used by the Jesuits and the more rigorous approach of the Franciscans, Dominicans, and Augustinians, who questioned primarily the participation of native Catholics in the Confucian rites.

In traditional Chinese society, these rituals played a central role. The concept of *li* or rites in the classical period covered all forms of artificially structured social behavior, ranging from the etiquette of everyday greeting to the solemn ceremonies and religious offerings. The official state rituals, in particular, involved obligations for the Confucian literati. In addition, there were also rituals linked to the life cycle, daily life, and the domestic sphere, such as ancestor veneration, the marriage and funeral rituals, and the sacrifices to the city god. These rites were obligatory for all Chinese. The same applied for the numerous conventions that regulated human relations in China down to the finest details and that also came under the concept of *li*.[3]

The Jesuits considered these indigenous rites as innocent, since they considered them to have a purely civic function. According to present-day insights, the classical rites must be interpreted as expressions of social harmony and a sense of public responsibility. By participating in these rituals, one expressed one's agreement with the general morality and conformed to the existing social order.

Most of the Franciscans and Dominicans stressed the religious character of the rites, and they objected particularly to the *kow-tow* or kneeling, which was central to the ritual event. Although the Confucian rituals were linked to a cosmology, they could hardly be described as religious. In classical China, this cosmology functioned more as an ethic than as a religion.

The debate on the question of the rites dragged on throughout the entire 17th century and was only definitively settled in the middle of the 18th century. The conflict was also interwoven with other theological and political controversies in which the Jesuits were involved, such as the debate about grace and free will and the conflict about the reductions in Paraguay.

In 1645, the Chinese rituals were condemned for the first time after a complaint by the Dominican J.B. Morales. The counteroffensive of the Jesuits resulted in 1656 in a new decree of *Propaganda Fide* in which the indigenous rites were permitted. During the 1660s, it even seemed for a time as

---

3. R.J. Smith, "Ritual in Ch'ing Culture" in: Liu, Kwang-ching (ed.), *Orthodoxy in Late Imperial China* (Berkeley: 1990) 281-310.

though the Jesuits would win the cause when they succeeded in obtaining the support of all the apostolic vicars at a conference in Canton.

The Dominican Maigrot, Apostolic Vicar of Fukien, raised the question of the rites again in Rome, and this led to a strong condemnation in 1704. In *Ex illa die*, Clement XI mitigated these stringent prohibitions somewhat. Benedict XIV, in his encyclical *Ex quo singulari* (1742), definitively ended the controversy by confirming the rigorous position and forbidding all indigenous rites.

For the future missionary contacts with China, the importance of this pronouncement can hardly be exaggerated. After that, all missionaries had to take an oath against the indigenous rites. The Confucian rituals, which were expressions for the average Chinese of social harmony and a sense of public responsibility, were considered by the Catholic Church to be signs of superstition and apostasy. This inevitably marginalized the native Catholics, who were labeled as unorthodox. Their failure to participate in the rites was interpreted by the political authorities as a threat to the social order.

Because of the turns the rites controversy took, the Emperor Kangxi restricted all missionary activities in 1704. The edict for religious freedom, which had been in force since 1692, was thus *de facto* suspended. In 1724, China definitively closed its borders to Catholicism; the missionaries had to go underground; and the Catholics were persecuted and killed.[4]

1.3. Missionary work in the shadow of the unequal treaties (19th-20th century)

Under the influence of Romanticism and the religious revival of the early 19th century, renewed interest in missionary work was generated among both Protestants and Catholics. As a reaction to the secularizing and rationalizing thought of the Enlightenment, the personal experience of faith was again made central. The accompanying individual involvement was at the foundation of the new interest in missionary work. This gave the mission movement, after a profound crisis that lasted more than a century, a quite unexpected and spectacular revival.

Behind the revival of the missions in the Far East were not only religious but also economic and political factors. The economically and politically weakened Ching regime in China and the Industrial Revolution in the West created the conditions for a series of military conflicts between the East and the West. The Opium Wars were settled between 1842 and 1865 in the so-called unequal treaties. Missionary work also profited from the favorable conditions that were laid down in these treaties, such as legal immunity for foreigners, the right to acquire property in the interior, the right to protection by the Western political powers, and the right to indemnity if conflicts should occur. These treaties made possible the difficult missionary penetration into

---

4. For the course of the Rites Controversy: G. Minamiki, *The Chinese Rites Controversy from its Beginnings to Modern Times* (Chicago: 1985); P.F. Bontinck, *La lutte autour de la liturgie Chinoise au XVII siècle.* (Louvain-Paris: 1962).

the interior. But they also determined the image of the fourth missionary wave to China, which was characterized by an intense interweaving of missionary work and politics.

In contrast to their 17th-century predecessors, whose concepts of the mission were strongly determined by Humanism, the Catholic mission movement in the 19th century was strongly marked by conservative Ultramontanism. These ultramontane affinities are of great importance for the understanding of the differing missionary methods and the differing cultural policy between the third and the fourth missionary wave. In the West, the Church considered that reconciliation with the secularizing society was impossible; in the East it opposed ideological compromise with paganism.

2. Missionary work and inculturation research: a methodological statement of the problem

Until recently, the traditional history of the missions was written from a purely Western point of view with little account being taken of the position of the peoples to be evangelized or of the social and cultural effects that missionary work generated. Under the influence of the concept of inculturation, which found acceptance in missiology in the 1970s, the focus of research into the missions shifted increasingly to the cultural aspects of missionary work, a dimension that until then had been virtually completely neglected in research into the history of the Church.[5]

The studying of the mission past in function of inculturation can broaden the field of concern but it also gives rise to a number of dangers. Critical analysis of the historiography shows that these missiological and anthropological concepts are all too often used arbitrarily. The concepts of inculturation,[6] adaptation,[7] and contextualization[8] have all developed in a specific historical context and express very specific aspects of the relationship between missionary work and culture, but they are too often used erroneously as synonyms.[9]

5. For a status-questionis on the relationship between mission and culture, see: J. Gadille, "Mission chrétienne et cultures", *Revue d'histoire ecclésiastique* 85 (1990) 705-719.

6. A. Roest Crollius, "What is so new about Inculturation?" *Gregorianum*, 59 (1978) 721-738; N. Standaert, *Wat is inculturatie. Missiologische dagen 1985. Inculturatie hier en ginder.* Interdiocesaan Pastoraal Beraad 15 (Brussels: 1985) 9-29.

7. P. Charles, "Exposé du problème" – *Autour du problème de l'adaptation. Compte rendu de la quatrième semaine de missiologie de Louvain (1926).* Museum Lessianum. Section missiologique 6 (Louvain: 1926); P. Charles, *Les dossiers de l'action missionnaire. Manuel de missiologie,* n° 39, Theoritecial Part n° 4, 2nd ed. (1939), 169-172; P. Charles, *Etudes missiologiques.* Museum Lessianum. Section missiologique 33 (Mechlin: 1956) 116-152.

8. F. Ross Kinsler, "Mission and Context: the Current Debate about Contextualization", *Evangelical Mission Quarterly* 14 (1978) 23-29.

9. For the use of these terms in the historical and missiological research see: J.F. Cornelissen, *Pater en Papua: ontmoeting van de missionarissen van het H. Hart met de cultuur der papua's van Nederlands Zuid-Nieuw-Guinea (1905-1963)* (Kampen: 1988) 118-119, 154-155, 160-169; M. Coomans, *Evangelisatie en kultuurverandering: onderzoek naar de evangelisatie en de socio-*

Another objection to orienting the statement of the problem in research into the missions too exhaustively toward inculturation is the normative character of such concepts. Missiology has considered the relationship between missionary work and culture primarily in positive and idealistic terms, which does not keep the historical reality from being often much more complex. In the application of a set of concepts that is not sufficiently neutral lurks a danger of *hineininterpretierung*. Because the historian approaches the past of the missions too much from a normative position, he may well insufficiently appreciate the negative and destructive elements in the relationship between missionary work and culture.

A third difficulty that emerges in the studying of the reality of the missions from the position of the inculturation conceptual framework concerns the availability of sources. Verifiability of research results on the basis of source material is one of the basic requirements of historical research. The degree of material adaptation to a particular cultural environment can still be traced to a limited degree on the basis of correspondence, policy documents, and even pictures. "The process whereby the Christian life and the Christian message becomes integrated in a specific culture and the way in which they become a force that animates, orients, and renews this culture",[10] is, however, much more difficult to reconstruct. "The degree of equivalence in the dialogue between the Christian message and a local culture"[11] is difficult to measure both in the present and in the past.

For these reasons, I decided to approach the mission past not so much from the inculturation or the contextualization concept but rather from the more neutral notion of cultural contact. The advantage of this is that a balanced approach becomes possible between the various actors in the process: both the missionary and the native Catholic, both the universal and the local Church. Furthermore, constructive as well as destructive elements in the conversion process acquire their places in this concept.[12]

In my doctoral thesis, I developed three fields of research that permitted adequate analysis of the cultural contact in missionary work. In turn, I studied the material culture in the mission (buildings, clothing, diet, liturgy, etc.), the mutual attitudes and image formation, and the relationship between missionary work and the indigenous culture in its collectivity (social relations, rites of passage).[13] In the present article, I will limit myself to those fields that are relevant for the study of the liturgy in the mission. I use here a definition of the concept of liturgy that is as broad a possible. Thus, I will limit myself not just to the liturgy in the church *sensu stricto* but I also

---

culturele veranderingen in de adat van de Dajaks in Oost-Kalimantan (bisdom Samarinda) Indonesië (St. Augustin, Steyler: 1988) 169-209, 260-282.

10. Concept of inculturation.

11. Concept of contextualisation.

12. Cf. C. Dujardin, "Modaliteiten van een interdisciplinaire geschiedschrijving. Operationalisering van het inculturatiebegrip, een methodologische terreinverkenning" (will be published in *BTNG*).

13. Dujardin, *Missionering en moderniteit*, 361-450.

consider the material culture that was related to the liturgy: the liturgical spaces, objects, and feasts. This broad approach should permit a more accurate determination of the place of the liturgy within the cultural policy of the mission.[14]

3. Liturgy and cultural contact in the missionary praxis of Southwest Hubei (1872-1940)

An introduction to the praxis of a specific mission vicariate in China should allow the practical consequences of the cultural policy to be better appreciated.

3.1. The supremacy of the Roman rite (1870-1910): in theory and practice

In line with its ultramontane ideology, the cultural policy of the Catholic mission movement in the 19th century was strongly Eurocentric. Even in centuries-old China, the Catholic missionaries considered themselves to be bringers of civilization. From their Western sense of superiority and their Christian moralism they considered the indigenous population uncivilized and its religious and cultural expressions superstitious.

This European sense of superiority was also expressed in the material culture and the liturgy. In the vicariate of the Belgian Franciscans, the liturgy was structured after the pattern of the Roman rite. The liturgical spaces were predominantly of European architecture. Only in the first decades after the unequal treaties (1865-1890), when the local authorities still tried to prevent the purchase of property by foreigners, were the missionaries still satisfied with purchasing Chinese buildings. But when, after a series of indemnity payments, their finances improved, they expressly opted for European architecture. In the mission regions of the Scheutists in North China (Mongolia), neo-Gothic was the most common architectural style. In the vicariate of the Belgian Franciscans, a number of smaller chapels and churches and their interiors were in neo-Gothic. The more imposing building projects were constructed in neo-Roman, neo-classical, or more eclectic styles after the example of the neighboring Italian vicariates.[15]

A detailed analysis of the material culture of the vicariate, however, shows that this so-called Western cultural policy was not always implemented unambiguously and consistently in missionary praxis itself. Most of the Catholic missionaries in China in the 19th century dressed in the traditional Manchu clothing, following the example of their 17th-century Catholic predecessors. This lasted until 1906 when the Manchu administration decreed,

14. This broad definition is also used in Lamberts, *Hoogtepunt en bron*, 14.

15. About neo-gothic art, the favorite art form of the Ultramontanists see: J. De Maeyer (ed.), *Sint-Lucasscholen en neogotiek, 1862-1914*, KADOC-studies 5 (Louvain: 1988) 57-124. For the sources: STOFM. SIN Me 23 (pictures); AGOFM. SK551, 89-93: visitation report Everaerts, Ichang [*Yichang*], 4 aug. 1899; Interview with F. Eerdekens, 15; Interview with F. Luypaert, 17.

in the context of its modernization policy, the elimination of the traditional clothing and hair style. The Protestant missionaries and the Catholic mission sisters, who first came to China only in the 19th century, retained their European clothing.

In the liturgy, too, a number of customs persisted from the third missionary wave (17th century). In the 19th century, the Catholic missionaries wore a head covering [chi-chin] during the liturgy. According to the time-honored Chinese custom, this liturgical hat or cap, called the *pileo* in Latin, was seen by the indigenous population as a sign of honor and respect for a superior.

Further, during the liturgy, a number of prayers and litanies were sung in the vernacular. These prayers were translated by the Jesuit missionaries into the literary language and were prayed and sung in a repetitive way during the office and the mass. In this respect, there was even talk of a *"ritus sinensis"*.[16]

These examples show that remnants remained in the Chinese liturgy from a more adaptive history and that the rigidly uniform liturgy of Trent turned out to be not so inviolable in practice than is generally assumed.

3.2. Towards a new rigorism in liturgy and material culture (1883-1910)

The Roman centralization policy of Leo XIII (1878-1903) resulted in the further imposition of Europeanization. In the China missions, indigenous forms and customs were replaced as much as possibly by Western ones. The abolition in principle of the Chinese liturgical hat in 1883 is a good example of this. In an instruction on the Chinese missions, Joannes Simeoni, Cardinal-Prefect of *Propaganda Fide*, stipulated that the use of the head covering during liturgical ceremonies had to be abolished. This did not mean that this measure had to be implemented completely and immediately, but rather that it had be done gradually and imperceptibly. One could take account of the circumstances of place and time and of the local customs on the condition that they did not conflict with faith and good morals.[17]

These statements are very typical for the standpoint of the missionary work with respect to the indigenous culture and liturgy. European standards were increasingly applied as the norm at the end of the 19th century although the local context could allow a certain degree of pragmatism.

In the missionary praxis of the Belgian Franciscan vicariate, the new measure of *Propaganda Fide* met with considerable opposition. The Italian bishop Filippi (1876-1888) was hesitant to change a custom that had already been established for centuries. In other areas, too, his policy was marked by

---

16. AGOFM. SK542, 173-4: Filippi to min.gen., Kin-tcheou-fou [*Jingzhou*], Sept. 18, 1876; AGOFM. SK547, 84: Christiaens to min.gen., Ichang [*Yichang*], Oct. 19, 1889; AGOFM. SK547, 75: Kleinenbroich to min.gen., s.l., 1890; J. Hofinger, *Pastorale liturgique et chrétienté missionnaire*, Cahiers de Lumen Vitae 14 (Brussels: 1959) 51-52.

17. VENOFM. section A 134.21, XVI: Simeoni, "Instruction of the SCPF", Rome, Oct. 18, 1883, 21-22; Cl. Prud'homme, *Stratégie missionnaire du saint-siège sous le pontificat de Léon XIII. Centralisation romaine et défis culturels* (Lyon: 1989).

a certain accommodation to Chinese sensitivities. His successor, Christiaens (1889-1899), who was very Eurocentric also in his construction and dispensation policies, promulgated the instruction of 1883 almost immediately after his appointment. Among the ordinary missionaries, however, this measure, which they interpreted as a personal action of the bishop, could meet with little comprehension. "To stand with a covered head in China is just as reverential as to stand with a bared head in the European churches", argued Mauritius Robert in 1895 to the General of the Franciscans. Nevertheless, the liturgical hat gradually fell into disuse in the Southwest-Hubei vicariate. It was only used at exceptional ceremonies, such as the burial of a martyr.[18]

The Roman striving for centralization was also expressed in the liturgy of the sacraments. The ecclesiastical hierarchy tried primarily to interpret marriage and burial in a more orthodox, that is, a more European manner. These rites of passage functioned in traditional China as family rituals, which took place in and around the home of the Catholic. Because of the extent of the vicariate, the influence of the Church in the exercise of these Christian rituals was limited.[19]

A survey conducted in 1869 shows that a number of indigenous customs continued in these rituals in the Southwest Hubei vicariate. The repeated bowing of the family members before the coffin and in the cemetery roused particular concern among the ecclesiastical hierarchy. Although the native priest Mattheus Peng – who conducted this survey at the request of his bishop – tried to clarify the significance of these customs, they were prohibited by decree during the Second Regional Synod of Hankou (1887). At the Third Regional Bishops' Conference of 1910, the prohibitions were repeated.[20]

Although the Catholic funeral ritual in China did not involve the placement of the ancestral tablets on the family altar and without kneeling for the deceased, it retained a strong oriental flavor. It took place within the family circle in the presence of numerous prayers and mourners, who were accompanied by indigenous music and blunderbusses. Although there was, by Western standards, a rather festive mode, the Christian burials had too little splendor in comparison with the normal Chinese funeral.[21]

18. VENOFM. 352.22: Christiaens to Carlassare, Ichang [*Yichang*], Dec. 23, 1889; AGOFM. SK548, 109-113: Christiaens, "Relatio", Ichang [*Yichang*], 1891; AGOFM. SK550, 44-46: Robert to min.gen., Sha-shen [*Shashen*], Dec. 2, 1895.

19. STOFM. EM Delbrouck: Delbrouck to benefactors, Tan-tse-shan [*Danzishan*], May 5, 1898. See also: Interview with F. Eerdekens, 18; Interview with F. Gyselinck, 49.

20. VENOFM. 476.116: Mattheus Peng to [Zanoli], Tan-zu-xan [*Danzishan*], June 3, 1869, August 18, 1869; VENOFM. 313.12: "Acts of the Second Synod of the Third Region of China", Hankow [*Hankou*], May 8-19, 1887, 16 (1); VENOFM. 313.13: "Acts of the Third Synod of the Third Region of China ", Hankow [*Hankou*], May 1-15, 1910, 24 (2).

21. For testimonies about the christian funeral rites, see: STOFM. LS Jans I: Jans to relatives, Tan-tse-shan [*Danzishan*], Nov. 20, 1907; Interview with F. Gyselinck, 50. Several witnesses were struck by the festal (celebratory) character of this ritual: STOFM. EM Delbrouck: Delbrouck to benefactors, Tan-tse-shan [*Danzishan*], May 5, 1898; AGOFM. SK552, 203: Paulus Penn to Kleinenbroich, Ichang [*Yichang*], April 15, 1901; STOFM. LS Jans I: Jans to relatives, Tan-tse-shan [*Danzishan*], Dec. 26, 1907; STOFM. EM Adons I 85: M. Adons to E. Adons, Se k'eou chan

Comparable conclusions can be drawn for the Christian marriage ritual. Here, too, the Church strove to eliminate or bend in a Christian sense what it considered non-Orthodox. On 2 August 1907, Pius X issued the apostolic instruction *Ne temere*, in which marriage in the family circle was forbidden. Previously, it was customary to contract Christian marriages in the family circle before two witnesses. When the annual mission was held, these marriages were then consecrated and regularized by the missionary.

Initially, considerable opposition rose in the mission against this new measure. For reasons of practical implementation, numerous exceptions were requested, but Propaganda ultimately held firm. It also refused a request from Bishop Everaerts for a dispensation from the presence of a priest in mixed marriages. During the Third Regional Bishops' Conference of Hankou in 1910, the Christian marriage ritual was discussed extensively, and the stipulations of *Ne temere* (1907) were once again particularly stressed.[22]

As was the case with the funeral ritual, a number of typically Chinese customs persisted. The custom of the parents drawing up a marriage agreement (pao-tse) for their children who were not yet mature enough for marriage continued also among Catholics. The Church tried to impose a number of restrictions, such as a minimum age for marriage. And, in accordance with ancient Chinese custom, the missionary also played an important role as intermediary in the marriage process.[23]

3.3. Progressive missiology: modified Europeanism (1910-1940)

The Liturgical Movement did not pass by the Catholic missions completely unnoticed. The decree of Pius X on frequent communion (1910) led to a doubling of the reception of communion in the vicariate of the Belgian Franciscans. Nevertheless, this was a purely formal adaptation that did not essentially influence the active involvement of the faithful in the liturgy. In contrast to other periods in Church history, the missions played a purely receptive role in the Catholic liturgy. And here, too, the Second Vatican Council served as a turning point. Only afterwards did the liturgy begin to be adapted to the local language and culture.[24]

In this new cultural policy, the *interbellum* was the transitional period. Under the influence of neo-Thomism, a more scientific approach to the

[*Shekoushan*], Nov. 2, 1911; Interview with F. Gyselinck, 49.

22. VENOFM 136.1: Gotti to bishops, Rome, Febr. 29, 1908 (prot. N. 80597); VENOFM 136.1: Gotti to bishops, Rome, August 31, 1908 (prot. N. 82980); VENOFM 354.23: Everaerts to [Carlassare], Ichang [*Yichang*], May 5, 1908, Sept. 5, 1908, Jan. 30, 1909; VENOFM 313.13: "Acts and decrees of the Third Synod of the Third Ecclesiastical Region in China", Hankow [*Hankou*], May 1-15, 1910, pp. 27-29; STOFM. LS Jans I: Jans to priest, Houa li l'in [*Hualiling*], Dec. 15, 1910.

23. VENOFM. 351.336: Filippi (ap.vic.), "Rules for new christians", Kin-tcheou-fou [*Jingzhou*], s.d.; VENOFM 313.14: "Regional Conference in preparation of the First Plenary Synod", Hankow [*Hankou*], April 26 – May 15, 1922, 16.

24. Dom Ohm o.s.b., "Heidenmission und Liturgie" *Benediktinische Monatschrift* 11 (1929) 17-28.

phenomenon of mission had developed, and this had given rise to a Catholic missiology. Under the influence of the new mission policy in Rome, a more constructive relationship between missionary work and culture gradually developed. *Maximum illud*, the *magna charta* of modern missionary work, smoothed the way for more openness to indigenous cultures. A more positive image formation of the indigenous, non-Christian culture, more respect and responsibility for the native clergy, and an integral acceptance of the native language of forms became the order of the day of this new mission policy.

The missions in the Far East played a pioneering role in the formulation of this new apostolic mission policy. In 1922, an apostolic delegate was appointed for the first time to China. With his plea for an indigenized Christian art, he argued for the adoption of the native language of forms in missionary work. At his initiative, a national synod was convened for the first time in 1924 in Shanghai at which the native clergy were also represented. In 1926 in Rome, Pius XI consecrated the first six native bishops for China.

The indigenous language of forms also came up for discussion in the vicariate of the Belgian Franciscans. Here, too, Rome played a pioneering role. In February 1920, the then Apostolic Visitator, de Guébriant, gave a striking speech to the bishops and missionary delegates of the Hankou region. He denounced the too alien character of the Catholic Church in China at the time and argued that the European way of doing things in matters that were neutral and not in conflict with the Gospel should be better forgotten. However, in the material culture of the mission and in the Catholic feasts, one could simply take over the Chinese customs and language of forms. This would give the Church a more indigenous character.[25]

The distinction between essential and secondary matters is very characteristic of the cultural policy of the mission during the *interbellum*. The new mission policy and the progressive missiology did create space for the cultural contribution of the local community, but then only for matters that did not concern the essence of the faith. Because the oath of 1742 against indigenous rites continued to exist, the shackles of the rites controversy were essentially maintained.

In spite of this greater cultural openness, the Belgian Franciscans were rather reserved in this regard. Their conservativism was expressed in both the liturgy and the cultural policy of the vicariate. The plea of the Apostolic Delegate for an indigenized Christian art met with little response. The new majestic cathedral of Yichang, which was consecrated in 1934, was modeled on the Church of St Anthony in Rome in the neo-Roman style, and the European line was maintained in the cultic and devotional objects. While the indigenous style was already resolutely opted for in other vicariates, the catechetical prints by the lay brother Valentinus Van der Straeten were still integrally Western. In the Chinese and religious feasts, however, the Christians did receive space to express their cultural identity. The Chinese new

---

25. VENOFM. 313.31. de Guébriant, "Conferences of Hankow [*Hankou*], Hankow [*Hankou*], Febr. 16-19, 1920.

year, for example, was celebrated with much splendor by both Catholics and non-Catholics. The Catholic authorities also recognized the social importance of this feast. During the Third Regional Bishops' Conference of 1910, they issued a dispensation in order to eat meat if the Chinese New Year fell in Lent.

On 8 December 1939, *Propaganda Fide* issued a new instruction about the Chinese rites. The ceremonies honoring Confucius and venerating ancestors were no longer considered religious. With this, the missionaries were dispensed from their oath against indigenous rites. The bowing of the head [k'ou t'ou] and other signs of respect for the deceased, such as the placement of their "soul plate" [tsu-p'ai] at the family altar were henceforth permitted. Even in the Catholic schools, pictures of Confucius could be hung up and greeted.[26]

Plane Compertum not only definitively resolved the question of the rites but also cleared the way for a better adaptation of the liturgy to the vernacular language and indigenous culture. However, the new instruction was not immediately translated into missionary praxis. The commencement of the Second World War and the Communist takeover in 1949 prevented its rapid implementation.

Conclusion

The study of the liturgy in the broad sense of the word – thus including the liturgy of the sacraments and the material culture – is a relevant subject for the study of cultural contact in the missions because it touches the essence of the experience of faith. However, one must beware of generalizations or premature conclusions.

The present study has shown that the rites controversy determined the cultural policy in China up to the Second World War. Although the material culture of the mission initially still showed signs of a more adaptive history (as shown by the clothing of the missionaries, the liturgical hat, and the continuation of Chinese prayers and litanies during the liturgy), from the end of the 19th century on, there was a general trend towards Westernization under the direction of Rome. The liturgical hat was suppressed, and attempts were made to remove the Catholic funeral and marriage rituals from the family circle. Nevertheless, missionary praxis allowed a certain degree of pragmatism, but then only for matters that did not concern the essence of the faith. The cultural contribution of the indigenous population was expressed in such things as the festive atmosphere at funerals, the role of the priest as intermediary for marriages, and the exuberance of the Christian feasts. This rigorous cultural policy was modified in a progressive sense by

---

26. AGOFM, SK587, 625-626. VENOFM, 139.1. "Instruction of the SCPF nr. 4462/39 about some ceremonies and the oath on the Chinese rites", Rome, Dec. 8, 1939. Minamiki, *Rites Controversy*, 1-16, 61, 74-76.

Rome from the 1920s on. The Franciscans, however, were slow to implement it.

Wauwerdries 6E   Carine DUJARDIN
B-3210 Lubbeek

QL 77 (1996) 109-116

LITURGICAL INCULTURATION IN INDIA

Introduction

The objective of this paper is to outline briefly the process and the ways of implementation of liturgical inculturation, highlighting certain issues that are significant. At the same time, it tries to identify some of the hindrances and difficulties that stand on the way of a smooth moving of the process, considered within the specific features of the Indian socio-cultural and religious situation.

1. India and Inculturation: Certain Basic Facts

While dealing with the question of inculturation in India, it is important to keep in mind certain basic facts.[1] First of all, India is a multi-cultural country. Several distinct cultures and different races constitute the Indian cultural mosaic. All these cultural and racial groups, in one way or other, are strengthening their own identities and fostering their cultural values. Secondly, India is a land of many religions. The religious situation in India is very rich and complex, because of the living and active presence of the important world religions like Hinduism, Islam, Jainism, Sikhism, and Christianity. Thirdly, the socio-political and economic situation of India are linked very much with the everyday life of the people. Poverty, wide gap between rich and poor, unemployment, communalism and fundamentalism are some of the major social issues of India. Fourthly, India has an ancient Christian heritage. Christianity in India, the third major religion with less than three percentage of the total population, traces its origin to apostolic times. Christianity with its ancient way of life and liturgy had become part of India and

---

1. Mar Abraham Mattam, *Inculturation of the Liturgy in the Indian Context*, Kottayam, 1991; B. Bhagavan Das, "Introduction," in H. Bhattacharyya (ed.), *The Cultural Heritage of India*, Vol. 4, 3-28. M. Vallippalm, *Inculturation in India: A Theological Analysis of Inculturation in Relation to the Theology of the Local Churches and its Application to the Church in India in the Areas of Liturgy, Theology and Evangelization*, (unpublished dissertation), K.U. Leuven, 1995, 161-211.

Indian culture very early. A brief history of the Church in India[2] is deemed helpful in order to situate the liturgical inculturation.

2. Church in India

According to the ancient and living tradition, the Indian Church was founded by Apostle Thomas in the Dravidian, Buddhist, Jainist, Jewish and Persian cosmopolitan culture of India. Those Christians who belonged to this Church were known as St. Thomas Christians. In the 4th century, this Apostolic Church started hierarchical relation with the Chaldean Church, following East Syrian liturgy and theology.

2.1. An Inculturated Christianity?

The history of St. Thomas Christians itself can be a classical example as to how the Christian faith could find itself at home in a culture quite different from that of its place of origin. St. Thomas Christians lived just like their compatriots in their own socio-cultural environment. In their family, and in their social and religious practices they followed the usages and customs of their country, which they considered as not opposed to the Christian faith. The architecture of the churches resembled the temples, except for a cross on the top. The manner of worship in the churches, the practices like processions, offerings, the way of praying in the church and at home, the rites and ceremonies connected with marriages, and funerals were all similar to those of their non-Christian countrymen. In short, for the expression of their Christian faith and life they simply drew from their own rich cultural milieu.[3]

2.2. Latinization of the Liturgy

In the 16th century, with the colonial-missionary activity, we have the official beginning of the Latin Church in India. The history of India during this period clearly shows that the Indian Church was subjected to Roman domination. This domination stripped the Indian Church of its specific cultural identity in its life and worship. We cannot, of course, ignore the individual efforts of some missionaries to promote indigenous practices during this period. The Synod of Diamper in 1599, however, was the climax of latiniza-

2. For more information on Christianity in India: E. Tisserent, *Eastern Christianity in India: A History of the Syro Malabar Church from the earliest Time to the Present Day*, London, 1957; L.W. Brown, *The Indian Christians of St. Thomas*, Cambridge, 1956; G.M. Moraes, *A History of Christianity in India*, Bombay, 1964, P.J. Podipara, *Thomas Christians*, London, 1970; A.M. Mundadan, *Sixteenth Century Traditions of St. Thomas Christians*, Bangalore, 1970; Id., *History of Christianity in India: From the Beginning up to the Middle of the Sixteenth Century (up to 1542)*, Vol. 1, Bangalore, 1984; Id., *Indian Christians: Search for Identity and Struggle for autonomy*, Bangalore, 1984.

3. Podipara, *The Thomas Christians*, 79-98; Mundadan, *History of Christianity in India*, Vol. 1, 154-213; P. Puthanangady, "Inculturation of Liturgy in India," in A. Narikulam (ed.), *Inculturation and Liturgy*, Alwaye, 1992, 98-113, 101.

tion of the Indian Church, particularly of its east syrian liturgy. The latinization process which culminated in the Synod of Diamper provoked a revolt, known as *Coonan* Cross Oath, among the Thomas Christians in 1653.[4] This was the starting point of division among the Christians in India who formed a single Church till that time, into Catholics and non Catholics. The situation of the foreign ecclesiastical rule under the Padroado and Propaganda jurisdictions continued till the beginning of the 20th century.

2.3. Three Autonomous Churches in India

In 1923, a separate hierarchy was established for St. Thomas Christians, who remained under the jurisdiction of the Latin rule after the revolt in 1653. Thereafter the community came to be known as Syro-Malabar Church. After the revolt and the consequent division among St. Thomas Christians, a group came into contact with the Antiochian Church and eventually became Jacobites. However a fraction from the Jacobites, reunited with the Catholic Church in 1931 and came to be known as Syro-Malankara Church.[5] A proper hierarchy was established for the Latin Church in 1886.[6]

Thus, at present, the Catholic Church in India can be qualified as the communion of three autonomous Churches – Latin, Syro-Malabar and Syro-Malankara.[7] In the process of liturgical inculturation in India, these three autonomous Churches, with their specific tradition and identity, are to be taken into consideration.

4. *Coonan* Cross Oath was not against the authority of the Pope, but against the Portuguese missionaries. It was an attempt to protect the ecclesial status, the rights, privileges and the autonomy of the Apostolic Church of Thomas Christians. [*coonan* = leaning]

5. For more information about the Syro-Malankara Church: C. Malancheruvil, *The Syro-Malankara Church*, Alwaye, 1973; O.I.C. Cyril, "The Introduction of the Antiochene Rite into the Malankara Church," in J. Vellian (ed.), *The Malabar Church: Symposium in Honour of Rev. Placid J. Podipara C.M.I*, Rome, 1970, 134-164. C. Baselios, *The Holy Catholic Church as the Communion of Churches: The End of a Controversy*, Ernakulam, 1993.

6. Though the Latin Church is spread all over India, we may divide it into five according to region with the indication of their origin. 1. The Padroado Christian Community of Western India (catholics of Mangalore, Goa and Bombay), 2. The Latin Rite Catholics of South India, 3. The Scheduled caste communities or Dalit Church, 4. The tribal communities of north-central India, 5. The tribal communities of north-east India. See. National Catechetical Directory of India, *Pilgrim Faith Unto Fullness: Guidelines for Faith-Education in India, Part I: Our Context*, Bangalore, 1990, 13-22.

7. The Latin Church has 102 dioceses and about 9,000,000 members; the Syro-Malabar Church has 21 dioceses and about 3,000,000 members and Syro-Malankara has three dioceses and about 300,000 members. Main non-Catholic Church communities are Orthodox, Anglicans, Marthomites, Church of South India, Church of North India and Protestant Denominations.

3. Attempts at Liturgical Inculturation in India After Vatican II[8]

With Vatican II, there emerged a strong plea for liturgical inculturation. The call for liturgical renewal made by the Council had been seriously taken by the Indian Catholic Church as a whole, though the different Churches had different approaches to liturgical inculturation.

3.1. Official Organs in Planning and Effecting

In 1966, at the general meeting held in Delhi, the Catholic Bishops' Conference of India officially accepted inculturation as the guiding principle to be followed in fostering liturgical renewal in India. On the national level since 1966, the Catholic Bishops Conference of India (CBCI), the National Biblical Catechetical Liturgical Centre (NBCLC), and the CBCI Commission for Liturgy function as the official organs in planning and effecting an all-round liturgical inculturation. From 1968 to 1988 there had been various All India Liturgical Meetings[9] which contributed a great deal regarding liturgical inculturation in India pinpointing the *status quo* of the liturgical renewal taking into account what had happened in the foregoing years and presenting a programme of action for the forthcoming years.

3.2. A Phased Programme of Liturgical Inculturation

The process of liturgical inculturation in India can be qualified as a phased programme. In the first phase, we see certain efforts to create an Indian atmosphere of worship by indianizing certain gestures, postures, and forms of homage and emphasizing silence and interiority in liturgy. The Liturgical Commission prepared a document containing 12 points of adaptation to be introduced into the Liturgy of the Eucharist.[10] The implementation of these

---

8. D.S. Amalorpavadass, *Towards Indigenization in the Liturgy*, Bangalore, 1972; Id., *Gospel and Culture: Evangelization and Inculturation*, Bangalore, 1978; P. Puthanangady, *Inculturation of Liturgy in India*, in A. Nariculam (ed.), *Inculturation and Liturgy*, Alwaye, 1992, 98-113; Mar Abraham Mattam, *Inculturation of Liturgy in the Indian Context*, 103-131; Vallipalm, *Inculturation in India*, 212-257.

9. D.S. Amalorpavadass, (ed.), *Post Vatican Liturgical Renewal in India, 1963 December 1968*, Bangalore, 1968; Id., *Post Vatican Liturgical Renewal in India at All Levels: Vol.II: 1968-1971*, Bangalore, 1972; Id., *Post Vatican Liturgical Renewal in India at All Levels During a Decade: Vol.III (1971-1973) 1963-1973*, Bangalore, 1976; Id., *Post Vatican Liturgical Renewal in India at All Levels Vol.IV (1974-1976)*, Bangalore, 1977; "The Unfulfilled Quest: Statement of VI All-India Liturgical Meeting," *Indian Theological Studies* 20 (1983) 357-367; R. Rosario, "The VI All India Liturgical Meeting: A General Report," *Word and Worship* 17 (1984) 7-13; "Ministers for a Pastoral Liturgy: Statement of the VII All India Liturgical Meeting 10th-15th December, 1986," *Word and Worship* 20 (1987) 4-18; G. Van Leeuwen, "Participation and Sharing: The VII All India Liturgical Meeting: A General Report," *Word and Worship* 20 (1987) 19-35; "Final Statement of All-India Liturgical Congress from 4th to 8th December 1988 Commemorating the Silver Jubilee of Sacrosanctum Concilium (1963-1988)" *Word and Worship* 22 (1989) 7-21.

10. These 12 points of adaptation were approved by the Sacred Congregation for Divine Worship on April 25, 1969. *Notitiae* 48 (1969) 365-374.

12 points gives us in some measure an inculturated form of the Eucharist. This form of Eucharist utilizes the cosmic dimension and symbolism which are the typical characteristics of the rich Indian religious and social traditions. Some of the important features adopted are the following.[11] *Removal of Footwear.* It is a long tradition and venerable practice in India that we enter the place of worship bare foot, out of reverence for and in the awareness of God's presence. This has been the practice of people of all religions in India and this is equally the Biblical tradition (Ex. 3,5). *Anjali Hasta*: When people enter the place of worship, in keeping with Indian tradition they make *anjali hasta*: a profound bow of the head with joined hands on the forehead. The joined hands signify the totality of one's person. The exchange of peace is done by anjali hasta. *Panchanga pranam*: It is a homage with five organs of the body. Sitting in *Vajrasana* (on one's heels) one touches the floor with one's forehead and both palms. This *panchanga pranam* by both priests and faithful can take place before the liturgy of the word and at the conclusion of the Anaphora. *Bhajan* Singing: It is an Indian congregational form of prayer through repetitive rhythmic singing of short and easy verses in simple music. Through the medium of rhythm and repetition one is helped to go to the depth of one's being and discover in deep silence God's indwelling and all-pervading presence. It is very helpful in leading the community to greater participation into the service. *Arati*: It is an Indian form of homage. There are *arati* of flowers, *arati* of incense and *arati* of fire or flame. These araties are done and homage paid to God, to the gathered community, to the president of the liturgical assembly, to the Word of God and to the Eucharistic Species at different moments during the Eucharistic celebration. These symbolic expressions point to the deepest respect and honour and total self surrender of the worshippers to the Divine. The implementation of "the 12 points of adaptation" was a notable step in effecting liturgical inculturation.

The second stage of the liturgical inculturation can be found in some major adaptations like formulation of the Eucharistic prayer, preparation of rituals for the celebration of the sacraments and the celebration of Indian festivals of social and religious character. An Order of the Mass for the Indian Church, and an Indian Anaphora were prepared and used on experimental basis in selected centres.[12] The third phase was concerned with the use of the Scriptures of other religions in the Christian liturgy. As a fourth phase, we find a move towards evolving a people's liturgy.

In short, serious efforts on liturgical inculturation were made mainly in four areas, namely, the "Twelve points of adaptation" that are built into a new order of the Eucharist, the integration of Indian symbols, the composition of an Indian Anaphora and the use of non-Christian scriptures in the liturgy,

11. Amalorpavadass, *Gospel and Culture*, 81-88.

12. Even though many, both clergy and faithful, appreciated these attempts on experimental basis, there was criticism on adopting certain terms such as "OM," "Saccidhanandha" from Indian religious traditions. Later, the experimentation of these texts were prohibited by the Congregation of the Sacraments, on 14, June 1975. However, this form of liturgy is celebrated in some *ashrams* in India.

at least in the liturgy of the Hours.

On the local level, many attempts and plannings towards inculturation were done by the three Churches in India. Here, they are taking up the task of inculturation and renewal of their respective liturgies safeguarding their ecclesial identity and specific tradition. At the same time, they are working for authentic Indian ways of worship, with a variety of forms and expressions which can manifest fully the richness of the mystery of Christ within the one ecclesial confession and celebration of faith. In spite of all efforts, none of these Churches has fully succeeded in inculturating its liturgy to the Indian situation due to manifold problems.

3.3. Hindrances and Difficulties

Many elements can be specified in this regard. However, we highlight only a few points. The uneven character of the Christian Community in India hinders the process of inculturation. The life and practices of the Christian community in the North differ in many respects from that of the South. Inculturation is comparatively easy with the communities in North India than in the South. This uneven character of the Christian community together with the plurality of Indian cultural and religious traditions, and the specific characteristics of the individual Churches create the impossibility of a uniform indigenized liturgy. Consequently, there is the possibility of pluriform liturgies with many elements in common.

Another problem is the difficulty to distinguish between the elements belonging to Indian culture and those belonging to Hindu religion. To discern whether a particular belief or practice is really cultural and, therefore, secular or it is really Hindu and, therefore, religious is a formidable task. Symbols, expressions and ideas associated with other religions, while being introduced into the Christian liturgy, sometimes create confusion about the Christian teaching and ignore the specificity of other religion. The controversy regarding the use of "OM" in the liturgy[13] serves as a good example. There is a celebrated controversy among scholars as to whether "OM" belongs to Indian culture or to Hindu religion. If it belongs to Hindu religion it is so fundamental that it becomes the symbol of Hinduism just as the cross is of Christianity and the crescent moon of Islam. Such a term can be adopted in two ways: (1) assigning it the same meaning which Hinduism gives to it. The explicit result is syncretism which is an uncritical admixture of different elements from different religions. (2) adopting it and giving to it a new meaning and Christian interpretation. The obvious result is disrespect to Hindu tradition. Thus, the risk of syncretism and of undermining Christian faith in borrowing symbols, phrases and passages from other religions create another difficulty in inculturation.

---

13. J. Ouseparampil, "The History anf Mystery of "OM," *Journal of Dharma*, 2 (1977) 439-459; G. Gispert-Sauch, "A Controversial Syllable," *Vidyajyothi* 45 (1981), 232-238; Id., "Liturgical Inculturation Questioned," *Vidyajyothi* 46 (1982) 546-552; G. Sebastian, "The Mystery of "OM," *Vidyajyothi* 45 (1981) 447-448; Mar Abraham Mattom, *Inculturation*, 123-126.

Difference in viewpoints among Christians with regard to the question of inculturation is still another factor that prevents the process of liturgical inculturation. The absence of unanimity regarding the theology of incultura-tion among the theologians and the members of the hierarchy is a serious difficulty in the path of inculturation. This problem is more seriously felt among the priests and liturgical animators whose task is to make the liturgy with the people truly the worship of the community.

We have to take into account also the reaction among the representatives of other religious traditions to the adoption of their practices by Christianity. In many instances, the people from other religions are reacting critically and negatively to the adoption of their religious practices into Christianity.[14] For example, the reaction of Hindu militant groups towards the adoption of "OM." Om has become now a symbol of militant Hinduism all over the country, as opposed to Christianity and Islam.

A negative Christian approach to non-Christian religions is another diffi-culty for the fruitful liturgical inculturation in India. Consequently, when elements are integrated into Christian liturgy from the worship of the non-Christian religions, the reaction among Christians would normally be nega-tive.

4. Liturgical Inculturation in India: An Evaluation

Looking back into the Liturgical renewal and inculturation programme in India, it is observed that, at the national level, efforts have been made from the very beginning to create liturgical forms relevant to the life and culture of the people; experimentation centres were set up and experimental liturgical models were created to be tried out in different places. Serious research was undertaken so that authentic liturgical forms could emerge from below in the local Churches itself. Systematic training had also been imparted to all sections of the people.[15]

In the beginning stages of inculturation efforts after Vatican II, the experi-mentation programme was very promising and significant. The acceptance of the experimentation of indigenized liturgy on the part of the people was almost total wherever this was introduced with proper instruction and initia-tion. It was helpful for them to have a better taste for prayer, a sense of belonging to their Church, greater awareness of God's presence in their lives and more profound sense of respect for the people of other religions. But

---

14. Sita Ram Goel reacts, "You sin against Hinduism by nailing the holy pranava (OM) to the Roman cross and incorporating the same in your official device. The pranava is the very essence of Hinduism, and identifies it to the world exactly as the cross identifies Christianity." Sita Ram Goel (ed.), *Catholic Ashrams, Adopting and Adapting Hindu Dharma*, Delhi, 45 quoted in Mar Abraham Mattam, *Inculturation*, 126.

15. "Final Statement of All-India Liturgical Congress from 4th to 8th December 1988 Commemorating the Silver Jubilee of Sacrosanctum Concilium (1963-1988)," *Word and Worship* 22 (1989) 7-21.

due to the lack of a consensus and effective follow up, many of these programmes came to be closed down after a few years.

In assessing the *status quo* of liturgical inculturation in India, we may say that liturgical formation of the lay people is a matter of urgent concern. In 1991, the meeting of the CBCI Commission for Liturgy has expressed this concern.[16] Hence an authentic liturgical inculturation should start from the people and the way they celebrate their life in the light of faith. Here we may stress the liturgical task of the priests and animators in making the liturgy, a liturgy of their community, for liturgy plays a vital role in the life and formation of the people of God.

Regarding the question of liturgical inculturation, what is feasible is that every individual Church in India makes honest effort to indianize its liturgy constantly in order to be fully meaningful, relevant and fitting in the varied contexts of its life. The liturgical inculturation should go hand in hand with a corresponding inculturation in the fields of theology, spirituality, evangelization, and catechesis.

Conclusion

We have been briefly outlining the process, programmes and the ways of implementation of liturgical inculturation in India and the difficulties of a smooth moving of the process within the diverse and complex features of the Indian situation. India has been seeking a God who is mysterious and fascinating. Hence, a sense of awe and a sense of mystery are the characteristic features of her worship and sacramental systems through rites and symbols. The spirit of liturgy includes the elements of the sense of the sacred, reverence, adoration and the glory of God. Liturgy, the locus of a living faith-building and faith-strengthening encounter with God, is essentially an experience of a people. Such a liturgy, when it is contextualised, will become a source of strength to build up a Christian community which shares the joys and sorrows of the people of today. In other words, such a liturgy is able to give a unique expression to Christian faith that encompasses all dimensions of human existence.

St.-Michielsstraat 6   Jose Mathew KAKKALLIL
3000 Leuven

16. G. Van Leeuwen, "Report of the Meeting of the CBCI Commission for Liturgy," J. Theckanath (ed.), *Liturgical Renewal – An Ongoing Challenge*, Bangalore, 1991, 1-7, 4-5.

QL 77 (1996) 117-123

FUNERARY RITUALS AND INCULTURATION
CAN CULTURAL PRACTICES FOR THE DEAD ENHANCE OUR FUNERAL CELEBRATIONS?

Introduction

When I first began my studies in September 1991 at KU, Leuven, I wanted to do my research specifically in the area of liturgy and on a topic that would be relevant to a present pastoral issue. The newly revised *Order of Christian Funerals*[1] had just been recently published in the English speaking countries and had been the topic of discussion at many liturgical conferences, workshops as well as clergy days in the English-speaking world. My study of the 1985 *Order of Christian Funerals*, a publication by the International Commission on English in the Liturgy, was stimulated by the questions that have been raised by presiders, liturgical planners, musicians, and all ministers associated with these rites, in their attempt to understand the changes presented in this edition.

However, having completed this research in June 1993, one question remains unsatisfactorily answered, the question of adaptation and inculturation. Although the revised rite certainly allows for adaptation of cultural practices that are appropriate, there seems to be a general feeling among presiders, liturgical planners and musicians that cultural practices for the care of the dead are usually seen as sentimental and at times superstitious, and are quickly dismissed by such individuals. Regardless, the question remains can cultural practices for the dead enhance our funeral celebrations? To adequately answer this question we need to first isolate and describe what funerals can be and ought to be.

1. Funerary Rites: What They Can Be And Ought To Be.

Death is one of the basic factors which determine our lives – it is already part and parcel of this life, its characteristic trademark.[2] Hence it is an event that requires an explanation and every human society has recognised the importance of orientating its members to the phenomenon of death, the process of dying and death's aftermath. Funeral rites have a significant role in this process of assisting individuals to deal with the reality of their own demise. Moreover, funerary rites are multidimensional, thus, through the

---

1. International Committee on English in the Liturgy (ICEL), *Order of Christian Funerals*, (Washington, D.C.: ICEL, 1985). National Conference Catholic Bishops (NCCB), *Order of Christian Funerals*, (Collegeville, Minnesota: The Liturgical Press, 1989).
2. Thielicke, Helmut, *Death and Life*, (Philadelphia: Fortress Press, 1970), 7.

periscope of the human sciences and theology we can attempt to assess what funerals can be and ought to be.

1.1. *Anthropological Dimension*

Anthropological studies indicate that funeral practices embody certain values that are conserved and sought by human groups. W. Lloyd Warner, a social scientist alluded to these values which are symbolised in funerary rituals when he wrote:

> The funeral or *rite de passage* ... symbolically translates the body from the world of the living to that of the dead and helps to reestablish the relations of the living members of the group to each other.

> ...in the community death occurs with regularity and that the virtually unending repetition of funerals gives the members of the community renewed opportunities for ritual connection with the dead.

> Funeral customs of a community permit the public expression of feelings which need to be released by the bereaved.[3]

In addition funerary rites by there very nature allow the opportunity for the symbolic expression of positive and negative feelings.[4] Through symbolic words and acts the bereaved as well as the community are enabled to reorient their relationship with the deceased. Actually and symbolically funerary practices mark the separation of the deceased from the human community of which he/she has been a part and the entrance into a new dimension of existence no longer subject to change and time.

1.2. *Sociological Dimension*

The human sciences contend that human life is always life in community. This implies that the relationship in which human life stands to death also has a social dimension.[5] Funeral rites, as a public community rite, affect everyone involved on the emotive level – feelings toward death and feelings toward one's relationship with the deceased. Funerary practices play an important role in the process of assisting the mourners to restructure their relationship with the deceased as well as the community.

There is in funerary customs a social implication when we perceive it as

---

3. Warner, W. Lloyd, *The Living and the Dead*, (New Haven: Yale University Press, 1959), 31-32.

4. "The painful feelings which grow out of separation, the affection and appreciation in which the deceased was held, the personal fears of death, aggressive impulses or hostile feelings directed toward the deceased, and guilt can invest the symbols which are part of the funeral customs and thus find release." Irion, Paul E., *The Funeral: Vestige or Value?* (New York: Arno Press, 1977), 96. Hereafter referred to as FVV.

5. Jungel, Eberhard, *Death: The Riddle and the Mystery*, Iain and Ute Nicol, trans. (Philadelphia, Penn.: Westminster Press, 1975), 32.

part of the pattern through which the bereaved interacts with the society of which they are a part. The experience of suffering as result of the death of a loved one is intensely personal and his/her absence is everywhere palpable. The pain and emptiness the bereaved feels is associated with anxiety and helplessness. These affects are powerful and in themselves frightening for they reawaken the earliest preverbal memories of painful separation.[6]

It is this pain of separation for which the bereaved seeks the comfort and consolation of others. The transition period is not only a time in which life is recognised without the deceased, but also a time for the community to extend support and the opportunity to offer more personal condolences to the bereaved. It is a moment to share thoughts, memories and feelings about the deceased, to speak of his/her life and death. During the period of transition, society's role is crucial in reincorporating the bereaved into normal social relationships with the group.

One of the vital functions of funerary rituals is to assist in the bereaved's rite of passage: the separation, the transition, and the incorporation or reintegration into the group. This function can be understood as a ritual activity which is religious and social by nature and involving the social group. The religious dimensions of funerary rites bind the bereaved and the community on the level of the sacred; whereas, the social dimensions bind the individual to the group. There is here an indication that the group must be willing to share the pain of loss, to accept the bereaved back when he or she is ready. Hence, funerary rituals are not simply random activities, but they are expressive of the values, beliefs and the ability of any social group to exist as a meaningful entity in the face of death.

1.3. Psychological Dimension

There is also a psychological dimension to the experience of death as well as funerary rites which deals primarily with the acceptance of the finality of the loss of a loved one and the work of undoing the bonds that built the relationship.[7] Loss as result of death creates within the bereaved psychological needs which can be met through funerary ritual celebrations.

Funerary rites accentuate the reality of sorrow of the bereaved as they offer realistic explanation of what has happened. These rituals make public not only the death of an individual, but also provide a validation of the community's share in the bereaved's grief. In addition, they seek to provide a social

---

6. Raphael, Beverley, *The Anatomy of Bereavement*, (New York: Basic Books, 1979), 40-41; Rosen, Paul C., et al., *Griefing and Mourning in Cross-Cultural Perspective*, (United States: HRAF Press, 1976), 105-108.

7. "Bereavement is the reaction to the loss of a close relationship. Sometimes grief is ... refer[ed] to the emotional response to loss: the complex amalgam of painful affects including sadness, anger, helplessness, guilt, despair. Mourning ... refer[s] to the psychological mourning processes that occur in bereavement: the processes whereby the bereaved gradually undoes the psychological bonds that bound him to the deceased." Raphael, *The Anatomy of Bereavement*, 33,44.

and religious structure through which former relationships can be ended and new relationships can be established.[8] For the family and friends, the rites provide a means for expressing sorrow and prayer, for saying good-by, and for beginning the long process of reintegration and orientation.[9]

Funerary rites are essential because they impress upon the bereaved by way of symbolic expression the value of both remembering the deceased and acknowledging the reality of his/her death. Hence, funerary rituals are a public and final statement of death and acknowledgment of the right for the bereaved to express his/her authentic feelings. Ultimately they are expressive of the community's response to the emotive experience of the bereaved.

1.4. Theological Dimension

Christian funerary practices express Christianity's belief that life does not end with death. Through its liturgies, the Church grows in faith and hope, and acknowledges the Paschal Mystery of Christ lived out in the passing-over of one of its own.[10] For the deceased, the rites provide a means whereby prayer can be offered to a compassionate and loving God.[11] At the same time, it manifests to the bereaved the abiding love of God while accompanying them in their sorrow and loneliness, lending an ear to hear the story of death, providing a perspective from which the bereaved can make more informed decisions.

The general introduction to the *Order of Christian Funerals* clearly states what the faith community brings and extends to both the living and dead. It points out that the Christian celebration of the funeral rites offers praise and thanksgiving to God for the gift of life and bears witness to the Christian hope of the resurrection.[12] The funerary rituals are expressive of the faith community's act of commending the deceased to a merciful and loving God, and the union of the Church both living and dead – in the communion of saints. This commendation of the deceased to God is an act which can be undertaken only in the Christian hope of the resurrection. The Christian hope is realised by the faithful in their partaking at the Eucharist, the memorial of Christ's death and resurrection, and it is in that context that they truly witness to who they are as Church – both living and dead. "For, the souls of the faithful departed are not divorced from Christ's kingdom which is the

8. International Committee on English in the Liturgy, *Order of Christian Funerals*, (College-ville, Minnesota: The Liturgical Press, 1989), no. 6, 3. Hereafter referred to as OCF.

9. "...provide an opportunity for reestablishment of the social group [personal], for a rein-forcement of its life and unity. The social group [person] not only has the opportunity to pay respect to the dead person but also to express its support for the bereaved." Raphael, 37.

10. Cieslak, William, *Console One Another*, (Washington, D.C.: The Pastoral Press, 1990), 82.

11. "At the death of a Christian whose life of faith was begun in the waters of baptism and strengthened at the table, the Church intercedes on behalf of the deceased because of its confident belief that death is not the end nor does it break the bonds forged in life." OCF, no. 4, 2.

12. OCF, no. 5, 3.

temporal Church... therefore, that even now, in time, the Church reigns with Christ both in her living and departed."[13]

Another theological rationale for funerary rites is the ministry of consolation which rests on the entire community, according to the time and talents of each Christian.[14] This ministry takes many forms: words of faith, support and assistance extended to the bereaved as well as various acts of kindness,[15] yet, the "community's principal involvement in the ministry of consolation is expressed in its active participation in the celebration of the funeral rites...".[16]

It is important to view the Church's ministry of consolation in the context of a larger ministry of pastoral care to the dying and their families. This particular ministry of the Church manifests God's loving care for his people in which the person of christ – the presence of the divine is recognised in many different faces, voices and actions. The faith community in caring pastorally for the dying helps the person prepare for death as well as console those who will grieve his/her dying.[17] William Cieslak points out the connection between the ministry of the sick and ministry of consolation when he says:

> The care providing context begun in illness and dying is continued in death, gradually extending more and more to the family and friends till, at the death of the beloved one, it now focuses squarely on them. To miss this frame of understanding is to view death as but an isolated moment rather than part of a much larger human and organic reality in which people's lives are intertwined in living and dying...[18]

2. Can Cultural Practices for the Dead Enhance Our Funerary Rites?

The perspectives examined above point out the considerable overlapping of components as well as the apparent complexity of the interrelationship among the four disciplines; and it would be negligent on my part to even suggest that one perspective forms the foundation from which the other disciplinary concepts are derived. Clearly, no one discipline provides a complete picture of what funerary rites can be and ought to be, but each adds something to the total picture. This brings us back to my question: Can cultural practices for the dead enhance our funeral rites? In addressing the issue of cultural adaptation in liturgy (specifically Christian funeral rites), I would like to offer four factors for our consideration.

---

13. Augustine, *De Civitate II*, 9 (The City of God), Gerald Walsh and Daniel J. Honan trans. (New York: Fathers of the Church, 1954), 277-278. Augustine express the theological understanding of the Church on the notion of the communion of saints living and dead as follows.

14. OCF, no. 9.

15. OCF, no. 10.

16. OCF, no. 11.

17. Cieslak, 74.

18. Ibid, 82.

First, it is imperative that the Church's worship must be relevant to every culture.[19] The rites we celebrate must speak as well as reflect the lives and experiences of the people that celebrate it. Thus, cultural practices of the dead when examined and used carefully can assist in enriching and making our funeral rites relevant to all cultural groups.

Second, effective cultural adaptation requires not just familiarity of particular cultural practices, but what is more important is an understanding of the meaning behind such practices. Presently, individuals may find themselves familiar with their particular cultural practices, but many lack an understanding of the meaning behind such practices. Cultural adaptation in liturgy would require experts who are familiar as well as understand the meaning behind cultural practices examined on hand.

Third, if a particular cultural practice is to be adapted to our funerary rites they must be examined as to their compatibility with both the theological and liturgical expressions of our rituals. Anscar Chupungco in his book *Cultural Adaptation of the Liturgy*, refers to both the theological and liturgical expressions as principles of adaptation in the religious sense.[20] He further states that cultural elements would have to go through the process of purification and critical evaluation as it incarnates the Christian expression.[21]

Fourth, if funeral rites are to be effective in providing care for the dead as well as support for the bereaved and mourners in the process of transition and reintegration, then, it must be celebrated well by the faith community. Hence, communities need to own the rites they celebrate, and they do so not only by being familiar with the ritual actions, but also understand the meaning behind those actions. Ongoing liturgical catechesis is imperative because it assists communities to maintain dynamism in their ritual actions as well as renew and reshape the rites they celebrate.

3. Application of Adaptation

It would be helpful at this point of our discussion to refer to a particular cultural practice that can easily be incorporated into our funeral rites. This is based on an experience I had on the summer of 1994 while conducting some liturgical workshops in the Northern Marianas.[22] I was asked to preside at a funeral in one of the parishes because the pastor was ill. The deceased was a Carolinian, the indigenous group from the Caroline Islands[23] that migrated to the Northern Marianas. Since it is still a common practice on the islands for the deceased to be viewed at the family home, I arrived that afternoon to escort the body to the parish church and found the family

---

19. Chupungco, Anscar J., *Cultural Adaptation of the Liturgy*, (New York: Paulist Press, 1982), 75.

20. Ibid., 58-73.

21. Ibid., 61.

22. Part of the Marianas Islands and located in the Pacific region known as Micronesia.

23. Caroline Islands are also located in Micronesia.

members bidding their last farewell to the deceased before the coffin was shut.

As Carolinians, the family members carried out their traditional cultural practice of covering the deceased with special materials prepared by family members as their final tribute to the deceased and as a way of rendering respect as well as commending the person in dignity. Witnessing this cultural practice that day left me wondering whether this custom could have been incorporated in the introductory rite of our funeral liturgy. In the United States Conference, it is customary to place a pall over the coffin when it is received at the church. This ritual action is a reminder of the baptismal garment of the deceased and is a sign of the Christian dignity of the person. I believe that careful examination of this cultural practice with respect to the Christian funeral rites, accompanied by some liturgical catechises regarding the adaptation of such practice and serious planning of funeral liturgies in time may give rise to a liturgy that truly reflects the cultural group that celebrates it.

Parkstraat 108/5D   Anthony PEREZ
3000 Leuven

QL 77 (1996) 124-134

INCULTURATION
AN INTERPRETATIVE MODEL
FOR FEMINIST REVISIONS OF LITURGICAL PRAXIS?

This study aims to answer the following questions: First, can inculturation be profitably used as an interpretative model for a feminist revision of liturgical praxis? Secondly, what is the particular relevance of such an enterprise? It has been inspired by the questions posed from a Western context by an article of Teresa Berger.[1] It makes a contribution, however, in going beyond her approach, by first, situating the issue within a broader framework of inculturation, and secondly, by discussing from a non-Western context, other possible ways of conceiving feminist liturgical revision as inculturation, relying on some more elaborated examples taken from the Philippine situation.

1. Framework for Inculturation

1.1. Inculturation as Both Contextualization and Indigenization

Dionisio Miranda, a Filipino theologian, treats inculturation as a composite of the twin processes of indigenization and contextualization. These concepts have often been regarded as disjunct, but actually they are both concerned with culture, although emphasizing different aspects as its essential poles. Inculturation as indigenization focuses on what Miranda calls the "nativeness or indigeneity" or the elements in the culture that form the identity of the community. Inculturation as contextualization, on the other hand, focuses on context, and how the culture has evolved because of changes relating to other systems such as the political, economic or religious system.[2] In doing inculturation as indigenization and contextualization, Miranda identifies certain perspectives which must be taken into consideration.[3]

---

1. Teresa Berger, 'The Women's Movement as a Liturgical Movement: A Form of Inculturation?' *Studia Liturgica* 20 (1990) 55-64.

2. Dionisio Miranda, 'Outlines of a Method of Inculturation,' *East Asian Pastoral Review* 30 (1993), 151-154. These two processes of inculturation correspond to the two principal tasks of theology which Schreiter has identified: "to help express the identity of the believing community and to help it deal with the social change that comes upon the community." Robert Schreiter, *Constructing Local Theologies* (Maryknoll, N.Y.: Orbis Books, 1985), 43.

3. Miranda, 155-160.

1.1.1. From Above or Below

Culture is dependent on the concrete society which sustains it. Society is made up of different social groups whose commonalities or divergencies in terms of language, race, class, gender, and others are reflected in culture. The main difference between the groups 'above' or 'below' would center on power. Dominant groups, that is, those who exert hegemonic control over society, can impose or diffuse their value system and lifestyle, so that their culture becomes the aspiration and model of the dominated. On the other hand, cultural elements can be also appropriated by both the dominant groups and the sub-altern classes in different ways to reenforce their respective interests. This perspective then implies the need for certain tools of analysis like social and gender analysis when one is looking at both culture and the Judaeo-Christian tradition, insofar as the latter is also a product of the encounter of faith with different cultures. These tools allow one to look at both culture and the Judaeo-Christian tradition from the perspective of different classes or gender. This perspective also poses the question: Whose culture then should be considered when one is doing inculturation? With regards to social class, Miranda opines that inculturation is a task for all the classes of society. However, there are historical periods when a particular social class must take priority. In the Philippines for example, inculturation must take the poor as both its "responsibility and resource." This means that the church should primarily take into consideration the culture of the poor if it wants to be effective in its mission of evangelization since the majority of the population are poor. They also constitute a main resource for inculturation since they have been the principal preservers of indigenous culture, while the elite culture has been changing with colonization and Westernization.[4]

1.1.2. From within or from without

The inculturation process can occur from within or without, or put in another way, as indigenization or accommodation. In accommodation, "elements that are essentially foreign are so integrated into the culture that they eventually become part of the culture itself," that is fully "appropriated and owned by the host culture." Indigenization however, starts from elements peculiar to the culture and enhances their growth. Since no culture is self-sufficient unto itself, one must indigenize as well as accommodate ideas from other cultures. This will help prevent nativism on the one hand, which occurs if one opts to solely indigenize, and abandonment of one's identity on the other, if one chooses to just accommodate.[5]

---

4. This does not mean that members of other social classes would no longer have a role in the task of inculturation. Ibid., 158.

5. Miranda, 155-160.

1.2. Distinction Between the Dominant, Residual and Emerging Cultures

To further point out the 'internal dynamic relations' in a cultural process, one can also distinguish the emergent and residual cultures from the dominant cultures, as Raymond Williams, a cultural theorist in the Marxist tradition, had done.[6] As already mentioned, the dominant culture refers to the culture of the groups that have hegemonic control over society. An emergent culture refers to the "new meanings and values, new practices, new relationships and kinds of relationships" that are continually being formed. There are however, elements of the emerging culture that represent a new phase of the dominant culture, as well as, elements that are oppositional or representing an alternative to the dominant culture.

A residual culture, on the other hand, refers to elements in the cultural past, which cannot be identified with the dominant culture, but are still actively present – that is, continue to be lived and practised.[7] Residual culture may either "have an alternative or even oppositional relation to the dominant culture," or can be "wholly or largely incorporated into the dominant culture." An example of the latter would be the monarchy, which clearly has no oppositional element vis-a-vis the dominant culture, but has been integrated because of its politically and culturally stabilizing function.

1.3. Inculturation as the Mutually Respectful and Critical Interaction Between the Judaeo-Christian Tradition and Culture

Lastly, the elaboration of the Filipino theologian José De Mesa on inculturation as requiring a "mutually respectful and critical interaction between the Judaeo-Christian Tradition and culture" will help complete our framework. Mutual respect between the Judaeo-Christian tradition and local culture is needed because each pole can contribute something positive towards the well-being of the people. The relationship should also be mutually critical because both poles can contain ideological elements that do not enhance the humanity of a given people. In the case of the Judaeo-Christian tradition, one can cite as example the negative consequences of the "ideologically structured perspective regarding the role of women in the life and mission of the Church".[8]

2. Women's Movement as an Emerging Culture

Berger's description of the feminist liturgical movement would seem to fall under the concept of an emerging culture, and the notion of inculturation as contextualization. The feminist liturgical movement developed in the West

6. Raymond Williams, *Marxism and Literature* (Oxford University, 1977; reprint ed., 1978), 122.

7. It is different from the 'archaic' elements which are clearly an element of the past, that can be studied, but no longer has an active role in the contemporary cultural process.

8. José De Mesa, *In Solidarity with Culture: Studies in Theological Re-rooting* (Quezon City, Philippines: Maryhill School of Theology, 1991), 4-6.

in the 1970's as women became increasingly aware of the invisibility of women in the various religious traditions, and the need to make themselves visible. This led to the development of liturgies 'designed by women for women,' and recently to a plethora of publications on 'women's worship,' 'women's prayers' and 'feminist liturgies'.[9]

Can inculturation be used as a model of interpretation for these grassroots attempts at liturgical reform? Berger asserts that the women's movement and the subsequent emerging consciousness, can be viewed as a new 'culture' or at least a 'subculture' that possesses its own 'non-sexist language,' its own history and remembrance of oppression and liberation, its own intellectual discipline (women's studies), its own lifeform (sisterhood).

This stand is different from those who would say that there is a women's culture existing in its own right, and derived from biological differences and experiences in life. Many criticisms have already been levelled against this universalistic assumption of women, especially coming from the women of the south. Berger's stance must, in a sense be more nuanced in that it portrays the women's movement in the west as that which constitutes a developing culture.

It is from this perspective – and we would add, with these nuances – that Berger sees the feminist liturgical movement as a form of inculturation into women's emerging culture. Adopting a notion of inculturation as a mutual and critical interaction between faith and culture, Berger sees the inculturation of the liturgy into the developing women's culture as a "reshaping of Christian faith and life in the context of the developing culture of women." In this inculturation process, women are the "agents of inculturation," and because of the traditional subordination of women even in the area of worship, the need for a liturgy and inculturation process that is free from dominantly imposed patterns is emphasized. The aim of this inculturation is not to develop a 'ghetto-liturgy.' Instead, it is possible to interpret these feminist

---

9. Berger characterizes these feminist liturgies as follows. First, they are designed and led by women who generally exercise leadership jointly, in an egalitarian fashion, and avoiding consciously the traditional hierarchical modes of worship. Secondly, although they often retain traditional liturgical forms as framework and background, liturgies with new contents revolving around the experiences of women and the felt need to deal with them in liturgies, are created (e.g. liturgy for the victims of rape, liturgies marking passages in women's life such as puberty/on-set of menstruation, divorce from a husband, and passage to the stage of croning). Thirdly, they make conscious use of symbols and symbolic configurations, far more than in traditional liturgies. Fourthly, to off-set the invisibility of women in church liturgies, women's role and significance are highlighted in the choice of readings, the prayers and the themes of the liturgies. Fifthly, they are also characterized by a broadened understanding of sin to include sexism, misogyny and androcentricity, as well as, structural sins that impact on women and other oppressed groups, and acceptance of personal complicity in them. Sixth, they often project a positive view of creation, connecting women's liberation with the healing of creation. Lastly, these liturgies often address or speak of God using female images to redress the imbalance of mainly addressing God in masculine images in the usual liturgies. For a bibliography on women's liturgies, see Mary Catherine Hilkirt, 'Current Theology: Feminist Theology: A Review of Literature,' *Theological Studies* 56 (1995): 331. See also 'The Feminist Liturgical Movement,' *A New Dictionary of Liturgy and Worship* (London: SCM Press, 1986), 240-241.

liturgies as "liturgies for particular churches." Here, Berger is broadening the meaning of 'particular church' which in the Vatican II documents, among other definitions, also refers to the church of a particular culture,[10] to include the "church which embodies women's culture." As such, women's liturgies add to the "unity in diversity of the people of God." However, Berger would prefer to use the image of a leaven more than the concept of a 'particular church' in understanding feminist liturgies. The advantage of the imagery of the leaven over that of the particular church is that it is able to stress more the revitalizing importance of women's liturgies for reshaping the liturgical life of the whole Church.

On the other hand, Berger also recognizes that the women's culture can stand in need of being re-shaped by the gospel. This is the second aspect of the process of inculturation. The gospel can serve as guide in discerning aspects of the culture that merit to be liturgically expressed, from those that are less in accordance with the gospel. For example, in many feminist liturgies, one can ask whether it is indeed God in person who is being celebrated or the women themselves, and whether there occurs an over romanticizing of the women and their particular experience.[11]

What would be the strength and limitation of this particular perspective on feminist liturgies understood as inculturation into the developing women's culture? Berger herself noted that one of the main difficulties in this approach is the question of what can exactly be called 'culture.' To what extent can one see the women's movement as an emerging or a developing culture? The women's movement itself even just in the west covers a broad spectrum from radical to liberal to marxist to socialist to maternalist or post-modern feminists. These different strains of feminism have different explanations regarding the history of women's oppression and liberation, as well as, often varying visions of an alternative society. However, one can say that they are all aimed at affirming the dignity of women as persons. Feminist liturgies do respond to this common aim. On the other hand, this model also poses a challenge to the task of inculturation in the Church. The perspective brought to light by Berger reinforces the need for liturgical inculturation to deal with the reality of cultural changes in society or with contextualization,

---

10. In many instances, the Vatican II documents associate a particular church with the diocese. However, the term is also used to refer to a section of the people of God, who "while accepting the primacy of the See of Peter, has its own discipline, liturgical customs and theological and spiritual heritage." Gianfranco Ghirlanda, "Universal Church, Particular Church, and Local Church at the Second Vatican Council and in the New Code of Canon Law," *Vatican II: Assessment and Perspectives Twenty-five Years After* (1962-1987), vol. 2 (New Jersey: Paulist Press, 1989), 242-243. The aspect of territory is not an essential element of this definition, but government is. This poses a limitation to its application to feminist liturgies of communities, some of which are not linked with a bishop.

11. Berger likens such feminist liturgies to a therapeutic session aimed at raising the self-esteem of the women participants. She does not deny that worship can bring about healing but should therapy be the main purpose of worship? Teresa Berger, 'Liturgical Language: Inclusivity and Exclusivity,' *Studia Liturgica* 18 (1988): 137. See also Berger, 'The Women's Movement as a Liturgical Movement,' 62.

as they occur in both western and non-western contexts. The women's movement in non-western countries is likewise gradually spawning a new culture and a need for alternative liturgies among some groups. These groups celebrate feminist liturgies in conferences on the local and continental level, and other occasions (houseblessing, International Women's Day, etc.).[12]

3. Retrieving Feminist Ritual Praxis in Residual or Popular Culture

Some theologians in non-western countries are calling for the critical retrieval or integration of the role of women in popular religious praxis[13] or in residual cultures with a view of integrating it into Christian ritual.[14] In Asia, for example, one finds the existence of what the Korean theologian Chung Hyun Kyung would call, "women-defined popular religiosity," where women's leadership is considered of old as sacred. Examples would be Korean shamanism led by women shamans, folk Chinese Buddhism which venerates Kwan Yin (female goddess) and the Filipino worship of Ina (Mother God), as well as the existence of native women priests.

Whereas, the concept of the women's movement as an emerging culture deals with the issue of social change and engages in inculturation as contextualization, the retrieval of feminist liturgical praxis in popular religion and/or residual cultures deals with the issue of a people's identity and engages with the issue of inculturation as retrieval of the indigenous life-world. Initially, feminism has been viewed even by liberation theologians in non-western countries, as a Western phenomenon and issue. To speak of feminist liturgical revision in connection with traditional culture, however, allows one to link

---

12. For samples of feminist liturgies used in the non-western context, see: 'Morning Worship 1 – Matthew 25: 14-30 led by Jessie Tellies-Nayak, Morning Worship 2 – In God's Image led by Virginia Fabellan Morning Worship 3 – Mark 12:13-17 led by Sun Ai Park,' *In God's Image* (September, 1987): 3-9; 'Worship and Liturgy – Consultation on Asian Women's Theology,' *IGI* (March, 1988): 6-26; 'Liturgy to Celebrate the Unity of Sisterhood,' *IGI* (September, 1988): 27-28; Hongkong Group, 'Christmas Liturgy,' *IGI* (December, 1988): 4-5; Margaret Lacson, 'Christmas Liturgy,' and Satyashodhak 'Liturgy for International Women's Day,' *IGI* (December, 1989): 7-8 and 28-29 respectively. Renate Rose and her women friends, 'The Lima Liturgy Revisited – An Ecumenical Liturgy of Solidarity,' *IGI* (December, 1990): 27-34; 'Creation Story: Latin American Reflection,' *IGI* 10 (Summer 1991): 20-21. There is also the Women Church of Korea, an inter-denominational and ecumenical group of women, which was organized by the United Methodist Church World Division in 1989. Among its activities are the regular worship services based on the experiences of women within the context of the Korean culture. The Women Church of Korea does not reject or compete with the traditional church but rather, hopes to transform it. 'Women Church of Korea,' *IGI* (June, 1990): 56-57.

13. By 'popular religion' here, we mean 'common religion' as suggested by the sociologist Robert Towler. It highlights the fact that the theological or doctrinal aspects of religion has permeated only a minority of the population. Schreiter, *Constructing Local Theologies*, 124-125.

14. EATWOT Women's Collective in the Philippines, 'Toward an Asian Principle of Interpretation: A Filipino Women's Experience,' Forum for Interdisciplinary Endeavors and Studies, Institute of Women Studies and EATWOT, 20. Chung Hyun Kyung, *Struggle to Be the Sun Again: Introducing Asian Women's Theology* (Maryknoll, N.Y.: Orbis, 1990), 112.

the women's issue with the issue of national and cultural sovereignty and identity.

I would like to explore the ramifications of this approach in the Philippine context. Deeply inscribed in the popular consciousness of the Filipinos is the high status of the Filipino woman. People oftentimes refer to the native creation myth, where, unlike in the biblical creation story, the man and the woman originate simultaneously from a bamboo cylinder that was split open by the pecking of a large bird.

It is possible that this high esteem for women is an ideological vestige of their relatively privileged status before the Spanish colonization.[15] Some of the rights and privileges of women which the Spanish Civil Law destroyed were "the right to divorce, to have children regardless of marital status, property rights, freedom to contract business arrangements independently of the husband, retention of maiden name, and a central role in religious practises".[16] The Filipino native priests, called Babaylan in Tagalog, were mostly women, and if men, they were attired like women when they are performing the rituals. Most of the babaylans are married. The babaylans were believed to have healing powers and ability to predict the proper time to plant and harvest. They also performed rites for the dying and for the seriously ill members of the community.

The Spanish occupation and the introduction of Christianity marked the stigmatization of women, and the loss of their central role in liturgical praxis. There were some areas where the babaylans were assimilated by the church and were allowed to administer the last unction to the dying. The other babaylans however were accused of being witches and were forced to parade around the town in yellow clothing as was practised in Europe. Others were declared mental deviants.[17]

Focusing on the role of women in liturgical praxis, some peasant communities that have tried to integrate native customs with Christian practices, have preserved the central role of women in liturgical practices.[18] Women priests preside in the rituals as in the pre-colonial times. In the case of one group, only women can become priests. These groups however, unlike in the shamanism of Korea and the folk Chinese Buddhism are more a residual rather than

15. Delia Aguilar, 'The Social Construction of the Filipino Woman' in *The Feminist Challenge: Initial Working Principles Toward Reconceptualizing the Feminist Movement in the Philippines* (Malate, Metro Manila: Asian Social Institute, 1988), 30.

16. Teresita Infante, *The Woman in Early Philippines and Among the Cultural Minorities* (Manila: UST Press, 1975).

17. Jaime Veneracion, 'From *Babaylan* to *Beata*: A Study on the Religiosity of Filipino Women,' *Review of Women's Studies* 3 (December, 1992), 1-5.

18. See Guillermo Pesigan, *Dulang-Buhay ng Bundok Banahaw: Karanasan ng Ciudad Mistica*; See also Consolacion Alaraz' description of the God the Mother tradition in eighteen groups mainly in the Southern Tagalog region of the Philippines, in *Pamathalaan: Ang Pagbubukas sa Tipan ng Mahal na Ina* (Spiritual Government: The Opening of the Covenant with God the Mother); Arche Ligo, 'From Babaylan to Priests of Banahaw,' *In God's Image* 11 (Winter, 1992): 38-44.

a popular or common culture.[19]

Consolacion Alaraz described these groups as attempts of the poor to retain their autonomy and values in a culture that has increasingly become Western and patriarchal. This is in line with the Gramscian sub-altern approach to popular religiosity that sees the religion of the poor not simply as a reflection of the religion of the ruling class, but in some cases, in opposition to their religion, as a way of asserting cultural identity. The symbolic world emanating from popular religion can provide a space in which a dominated people seizes the opportunity to express a certain control over their own lives and preserve their identity.[20]

What challenges do this approach to inculturation pose? First, is the challenge (borrowing the expression of De Mesa) to "de-stigmatize" culture, in this particular case, the challenge to de-stigmatize women and retrieve the role they traditionally play in ritual practice. An immediate and concrete application of this in Christian ritual in the Philippines would be for priests to allow women to become lay eucharistic ministers. Despite the fact that most of the members of the Basic Christian Communities in the Philippines are women, many priests still opt to appoint only men, to give out communion and to conduct the Sunday liturgies without priests. Also, Basic Christian Communities with Community Based Health Programs have already tapped the native healers who are mostly women to become primary health workers, since they do have knowledge of herbal medicines in their local area. This traditional role of women in healing, which is holistic in nature, that is, addressing both the physical and the spiritual condition of the person, also poses a challenge to the church, to give women a more central role in administering the sacrament of the sick. Secondly, bringing into play the perspective of 'From Above' or 'From Below,' it cannot go unnoticed that it is mainly among communities of the poor in the fringes of Philippine society, where the central role of women in liturgical praxis have been preserved. This poses the question: How should liturgical inculturation approach opportunities for revitalization from residual cultures?

4. Looking at the Sex-Gender System and its Interaction with Culture

Another way of conceptualizing feminist liturgical revision as inculturation specifically takes into account, as Chantal Mouffe theorizes, that society is made up of a "multiplicity of social relations that construct the power dynamics in society".[21] These social relations include class, ethnicity, politics,

---

19. The above-mentioned groups in the Philippines are considered sects or are separate 'churches.'

20. Schreiter, *Constructing Local Theologies*, 136-137.

21. Chantal Mouffe, 'The Sex/Gender System and the Discursive Construction of Women's Subordination,' *Rethinking Ideology: A Marxist Debate*, ed. Sakari Hanninen and Leena Paldan (New York: International General, 1983), 140-142. For a more comprehensive background of her social theory, see her book with Ernesto Laclau, *Hegemony and Socialist Strategy: Towards*

culture, and the sex-gender system. The term 'sex-gender system' was coined by Gayle Rubin, who defines it as "the set of arrangements by which a society transforms biological sexuality into products of human activity and in which these transformed sexual needs are satisfied." It is the system that defines 'femininity' and 'masculinity,' whereby their relationship can be egalitarian, or characterised by the dominance of either the male or the female.[22]

The different social relations are relatively autonomous but they interact with each other. Thus, culture, in the sense of a worldview and the sex-gender system interact. Any study of cultural institutions, discourses and practices should therefore integrate gender analysis, that is, a study of how the sex-gender system is produced and reproduced in them. Likewise, liturgical inculturation should be conscious of the fact whether it is reproducing a sex-gender system that is oppressive or not.

A concrete example in the Philippine context of a bracketing of the 'sex-gender system' in liturgical inculturation, would be the Tagalog Rite of Marriage which received official approval from the Holy See in 1983. This rite linguistically and ritually adapts the Catholic marriage rite to the socio-religious culture of the lowland Filipinos. In many ways, it is a very good example of liturgical inculturation, but it can be faulted for uncritically reproducing a certain sexual division of labour. For example, it continues to adapt the Toledan element of the arrhae (a vestige of Spanish influence), where the bridegroom offers the arrhae, that is, golden coins (or rice can also be used) to the bride, with the following words: "I shall never forsake you. I hand to you these arrhae as a sign that I will look after you and our children's welfare." This male-oriented Toledan rite has to be re-evaluated. The symbolism of the groom handing over the arrhae to the bride, continues to uphold the notion of the father as the primary breadwinner and the mother as the homebuilder. From a class perspective, this arrangement is only true now for a limited number of upper class families. For majority of the Filipinos, both parents have to provide for the family.[23] One can argue that this arrangement, however, still remains to be the dominant aspiration of the majority.[24] But this cultural pattern can hardly be seen as indigenous to the Filipino people. It is, rather, the model of family in the 16th century Iberian society that was exported and imposed by the Spanish colonizers.[25] Moreover, inculturation is certainly something more than just imitating the lifestyle

a Radical Democratic Politics, (London: Verso, 1985; reprint ed., 1987, 1989, 1992).

22. Gayle Rubin, 'The Traffic in Women: Notes on the 'Political Economy' of Sex,' in *Toward an Anthropology*, ed. Rayna Reiter (New York: Monthly Review Press, 1975), 157-210.

23. To modify this part of the rite, some couples choose to hold the arrhae (or the rice) in both of their hands.

24. A study conducted in 1983 confirmed this expectation in marriage among Filipino adult males and females. Jimenez Ma. Carmen, 'Masculinity/Femininity Concepts of the Filipino Man and Woman,' *Development in Philippine Psychology*, Manila, August 16-18, 91-100.

25. Sr. Mary John Mananzan, 'The Filipino Woman: Before and After the Spanish Conquest of the Philippines,' *In God's Image* (December 1987-March 1988): 49-50.

of the upper class. As for the official Church, however, it continues to preach a dual anthropology for men and women that, in effect, relegates women to what it sees as their primary role – motherhood.[26] Many studies in the Philippines, however, have shown how making a model of this sexual division of labour has resulted to lower wages for women. Wage discrimination in the Philippines is primarily justified with the notion that the main wage earners are the husbands and the women's earnings are only supplementary.[27] Does a cultural element then, that serves to alienate a certain group of people, deserve to be justified in the context of a liturgy?

As De Mesa has pointed out, both the culture and the Judaeo-Christian tradition can contain ideological elements that are not life-giving or humanizing from the specific value scales of a people. Gender analysis, in particular, can help bring to light those elements that are not life-enhancing for women, in both the culture[28] and the Judaeo-Christian tradition. This can lead to a better evaluation of what and what cannot be inculturated.

Conclusion: Usefulness of Inculturation as Interpretative Model for a Feminist Liturgical Revision

As provisionally conclusion, one can say that there are positive prospects in using inculturation as model of interpretation for feminist revisions of liturgical praxis, under the condition that one broadens the notion of inculturation to include both indigenization and contextualization, and under the proviso that one integrates both class and sex-gender perspectives in the analysis of culture. This way, however, the task of liturgical inculturation becomes more complex, but at the same time, more wholistic in perspective.

In spite of these qualifications, there are advantages in using inculturation as a way of conceptualizing feminist revision of liturgical praxis. As Berger herself has outlined: 1) When feminist liturgical revision is acknowledged as a form of inculturation which responds to a justified need in the Church, it is likely to acquire greater acceptance and support from other constituencies of the Church. 2) Just as inculturation is a movement in the process of becoming, the Women's Liturgical Movement or feminist liturgical praxis in general should also be given time to fully develop. 3) Just as the success of inculturation depends on the vitality of the agents of inculturation, it is

---

26. Maria Riley, *Transforming Feminism* (Washington DC: Sheed and Ward, 1989) 81-87.

27. Isabel Rojas-Aleta, Teresita Silva, Cristine Eleazar, *A Profile of Filipino Women: Their Status and Role* (Manila: Philippine Business for Social Progress, 1977), 155.

28. According to Mèrcy Amba Oduyoye, there is a tendency among Africans to assert that the African culture treats women better than the Western colonial and Christian culture. This seems to be corroborated by an initial look at women's participation in traditional African religious rituals. However, after a gender analysis of these rituals, it became clear that many of them still have to be purified of their oppressive elements towards women. 'Liberative Ritual and African Religion,' *Popular Religion, Liberation and Contextual Theology*, eds. Jacques Van Nieuwenhove and Berma Klein Goldewijk, (Nijmegen: Kok Kampen, 1991), 70-79.

not aberrant that women should be trusted to be the agents and designers of feminist liturgical revision or praxis. In non-western contexts, this implies that epistemological priority should be given to women in deciding which elements of the indigenous culture are humanizing for them and therefore have to be retrieved, and which are not. 4) As inculturation has bearing not only on a local cultural awakening but also on the vitality of the Church as a whole, feminist liturgical praxis merits also to be seen as a movement towards a more "liberated and liberating community of men and women in the Church".[29]

Schapenstraat 37/2.05   Agnes M. BRAZAL
3000 Leuven

---

29. Berger, 'The Women's Movement,' 62-63.